北島式 筋トレ塾

最短・最速で究極の身体をつくる

フィットネストレーナー 北島達也

講談社

「モテる筋肉」は
デキる男の証

北島達也 （きたじま・たつや）

フィットネストレーナー。元ヘアメイクアーティスト。

本場のボディビルカルチャーに憧れ、20代前半で単身渡米。ハリウッド俳優が集結する有名ジムで数々のトップビルダーから指導を受け、独自に体得した知識と経験を統合。〝本場のボディビルディング〟と〝科学的なワークアウト〟を自身で実践しながら理論を構築し、カリフォルニアのボディビルコンテストにて日本人初のチャンピオンに輝く。

完全個別指導のパーソナルジムVODEZAをオープンし、「長時間ではなく週2回、1日20分トレーニングするだけ」という驚異のワークアウト法が話題を呼ぶ。有名経営者、芸能人、プロアスリートなど1万人以上を指導。2017年11月放送の「じっくり聞いタロウ～スター近況(秘)報告～」(テレビ東京系)では河本準一(次長課長)、名倉潤(ネプチューン)、天木じゅんの肉体改造を手がける。

はじめに

近年のスポーツジムブームにより、アスリートや格闘家の筋骨隆々の体に憧れ、筋トレを始める人が急増しています。昔からよく「筋肉がついていても、あんなの見た目がいいだけで使えない筋肉だ」なんてことを言う人がいますが、世界トップクラスのアスリートや格闘家を見れば、「スポーツのパフォーマンスが向上するような筋肉を発達させれば見栄えもよくなる」ということが分かるはずです。考えてもみてください。野生動物において、見た目が弱々しいボスが存在しますか？　断言します。**「性能のいいものは見た目もいい」**のです。

これを男性に置き換えると、真のデキる男は外見にもプライドを持っていて、髪型や洋服はもちろん、「体型」にもかなりのこだわりがあります。その代表である海外のトップビジネスマンは、体型維持のためのワークアウトを欠かしません。

彼らにとって**「仕事を成功させるスキル」と「体をカッコよく鍛えるスキル」は、ほぼ同じ**です。意識の高い欧米人は筋肉の大きさだけでなく、体全体のシルエットを大変重視するため、ただやみくもに鍛えるようなことはしません。まずは理想とする体型を設定し、それを達成するためのプロセスを構築したうえでワークアウトを行います。つけるべき筋肉を鍛えると同時に、「つくと体型が悪くなる筋肉を落とす」ことも行います。

この本では、**鍛えると見栄えが格段によくなる筋肉を「モテる筋肉」と呼びます。**筋肥大は防衛本能の一種のため、ワークアウトで脳に正しく脅威を与えれば、つけたい場所にだけ驚くほど短時間で筋肉をつけることができます。１～２ヵ月経てば自分で効果を実感し、３ヵ月後には他人からも「いい体になったね！」と指摘されるようになるでしょう。モテる筋肉は計６部位ありますが、１部位発達させるだけでも全体のシルエットがかなり改善されます。

体が変わったという成功体験は、あなたに理想の体型と「自分も変われるんだ！」という大きな自信をもたらします。同時に、男性ホルモンの分泌量が増えることでオスとしての生物学的な魅力も高まり、何歳であっても若々しい肉体を保つことができます。その結果、女性はもちろん、同性からの評価の目も驚くほど激変するはずです。

肉体改造に年齢は関係ありません。また、無駄な鍛錬や時間も必要ありません。理想の自分を手に入れる最短ルートは、ただひとつ。それをこれからご紹介します。

Contents

CHAPTER 1
男を上げる秘密兵器「モテる筋肉」とは？

CHAPTER 2
「モテる筋肉」をつける!
北島メソッド完全解説

CHAPTER 3 ワークアウトの効果が倍増！ 北島流食事術

※効果には個人差があります。
持病がある方はかかりつけの医師に相談のうえ、行ってください。
ワークアウト中に痛みを感じた場合はすぐに中止し、医師にご相談ください。

CHAPTER 1

男を上げる秘密兵器「モテる筋肉」とは？

日本人が大好きな「細マッチョ」は本当にモテるのか？

日本において、腹筋だけが割れたやせ型の「細マッチョ」は、多くの人が理想とする体型だと言われています。しかし、ボディビルダーの視点からカッコいい体について研究を重ねてきた私から見れば、**細マッチョ体型は髪型で言う「坊主」と同じ。**これほどごまかしのきかない体型はありません。

一般的に細マッチョ体型とは、体脂肪率が10％以下のスリムな体に、薄く陰影が出る程度の筋肉をつけた状態を指します。この場

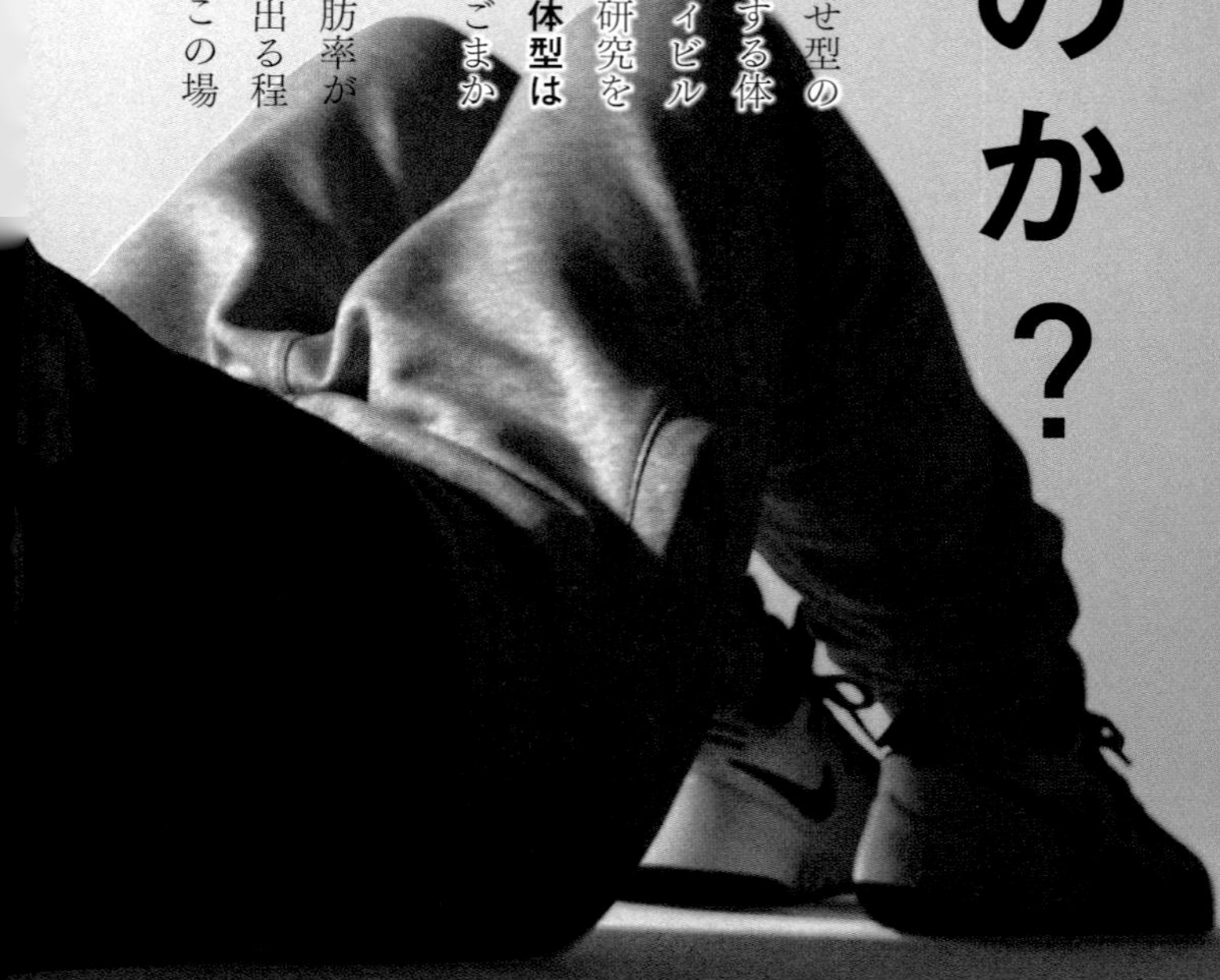

合、ボディビルダーのような大きくて太い筋肉はあえてつけないため、**生まれ持った骨格そのものが白日の下にさらされる**ことになります。元々顔が小さく、長い手足を持った「骨格イケメン」ならば、素材のよさが活かされて女性の憧れの眼差しを集めますが、そうでない場合は頭の形の悪い人が坊主頭にするようなものです。

ボディメイクの極意は、「いかにコンプレックスのある体型を魅力に変えるか」です。あなたが心からカッコよくなりたいと思っているならば、細マッチョを目指す前にもう一度鏡の前で自分の骨格を見直してみてください。

髪型を変えるように体型もデザインできる

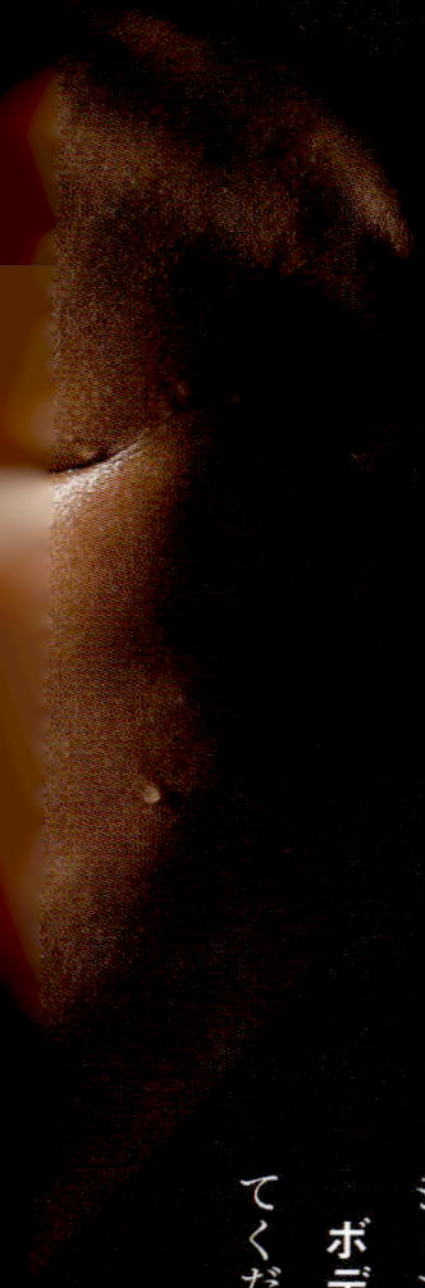

どんなにダイエットをしようとも、生まれ持っての骨格は外科手術をしない限り変えられません。しかし、ほんの少しの工夫で簡単に顔を小さく見せたり、脚を長く見せたりすることができます。

そのもっとも手っ取り早い方法が「筋肉をつけるべきところにつけ、落とすべきところは落とす」こと。**骨と違って、筋肉はサイズも形も自由自在にコントロールすることができる**のです。

筋肉には、瞬発力を司る太い筋肉である「速筋」と、持久力に優れた細い筋肉である「遅筋」の2種類がありますが、**無酸素運動で的確な刺激を与えれば、速筋は、驚くほど短期間でかなりの筋肥大が見込める繊維**です。自分ではわずか1ヵ月で効果を実感し、3ヵ月経てば周囲の人からも「いい体になったけど鍛えてるの？」と気づかれるようになるでしょう。行ったことに対して目に見えて結果が出れば、自ずと自信とプライドが高まり、それがワークアウトを続けるモチベーションともなってくれるはずです。

ボディメイクはヘアカットと同じだと考えてください。正しいテクニックさえ身につけ

れば、**髪型を変えるように体型も自分の望み通りにデザインすることができます。**もちろん、体脂肪がつきすぎている場合はダイエットも並行して行わなければいけませんが、筋肉量が増えると自然と基礎代謝量が高まり、カロリーを消費しやすい体になります。よって太っている人ほど、ダイエットより先に無酸素運動から始めることをおすすめします。

モテるためには筋肉が必要だからといって、やみくもに鍛えても、女子から「ムキムキで気持ち悪い」とキモ男の烙印を押されるだけ。まずは**「鍛えるとモテる筋肉（モテる筋肉）」**と**「鍛えてもモテない筋肉（モテない筋肉）」**があることを知ってください。

モテる筋肉とモテない筋肉の大きな違いは、「つき方」にあります。モテる筋肉は、大きいだけでなく**「各部位の輪郭がはっきりしている」**のが特徴です。ボディビルの世界では、筋肉と筋肉がきれいに分かれてついている状態を「セパレーション」といい、コンテストの結果を左右する重要な要素とされています。筋肉のセパレーションが際立てば際立つほど、ボディラインにメリハリが生まれ、実際よりも体が大きく見えます。

また、人間の筋肉には骨格筋だけで400個以上の部位がありますが、**鍛えることでスタイルをよく見せてくれる筋肉と、悪く見せてしまう筋肉**にはっきりと分かれています。

筋肉には「モテる筋肉」と「モテない筋肉」がある！

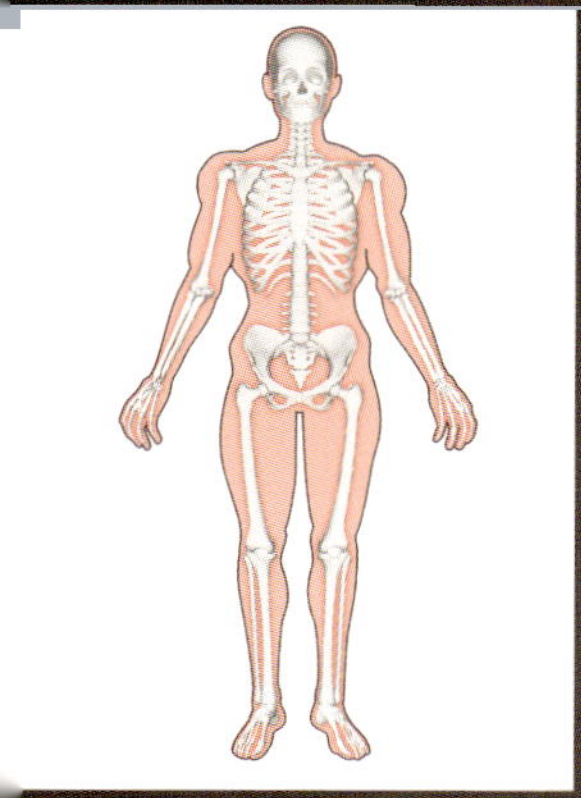

モテる筋肉がついた体

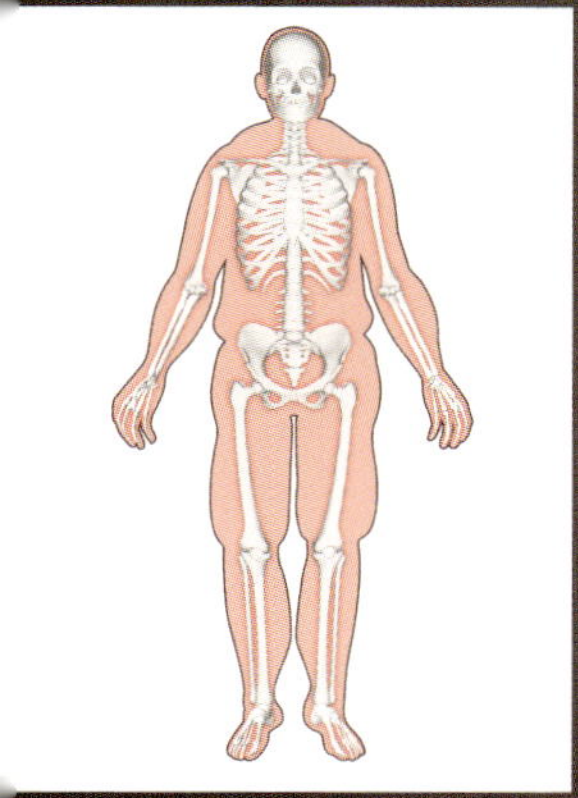

モテない筋肉がついた体

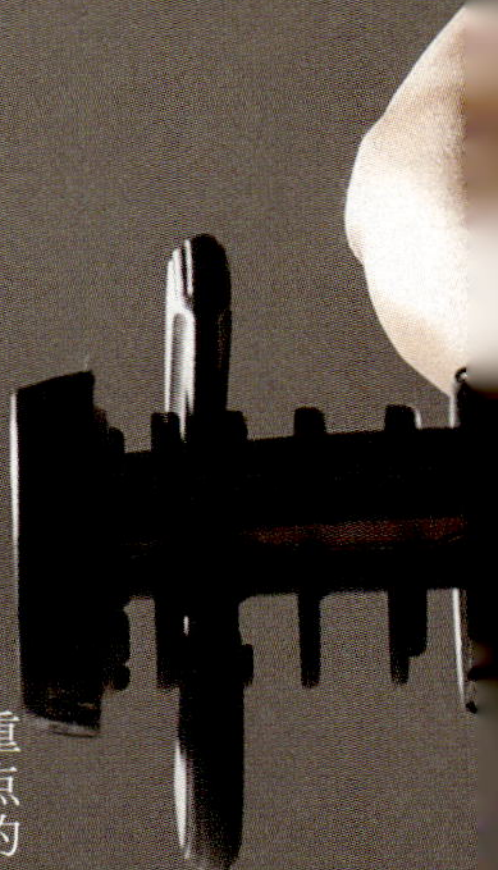

重点的に鍛えるべきモテる筋肉は**「胸」「肩」「背中」「腕」「腹」**の5部位と覚えてください。脚の付け根やふくらはぎの上部などもモテる筋肉ですが、脚は上半身のワークアウト時に十分使っているため、一般的なレベルならば姿勢さえ気をつければ特別なワークアウトを行う必要はありません。まずは上半身を徹底的に鍛えましょう。理想は、これら5部位のモテる筋肉が立体的に大きく発達し、ウエストにかけてキュッと引き締まっている「逆三角形」の体型です。

一方、首の付け根、ウエストの側面、おしりの下部、膝の上、足首といった**「くびれ」部分にある筋肉は、鍛えれば鍛えるほどスタイルを悪く見せる「モテない筋肉」**です。これらは日常生活やワークアウト時の姿勢を正すことで自然と退化します。

モテる筋肉が欲しいなら「つま先重心」をマスターせよ！

「モテる筋肉」が発達した海外モデルの逆三角形体型は、男性・女性に限らず憧れの的です(ちなみに、日本でもてはやされている細マッチョ体型は、海外では「やせていて貧弱だ」「体のどこかが悪いの?」と大変不人気です)。

日本人と欧米人の体型は、なぜこれほどまで違うのでしょうか? **その最大の要因は「体重バランス」**にあります。日本人の80%は生まれつき「かかと重心」のため、自然と腰が曲がって猫背になりがちです。その結果、首の付け根、膝の上、足首などの「モテない筋肉」に自重がかかり、日常生活を送るだけでスタイルがどんどん悪くなってしまうのです。

一方で欧米人は、98%が生まれながらに「つま先重心」だと言われています。つま先に体重が乗ると、バランスを取ろうと骨盤が前傾し、

胸が開いて背骨にきれいなS字カーブがつくられます。この姿勢で体重がかかるのは、脚の付け根やふくらはぎの上部などの「モテる筋肉」だけです。**欧米人のほとんどは、日常生活だけでなくワークアウトも無意識につま先重心で行っています。**

この違いは、日本人は農耕民族を、欧米人は狩猟民族をルーツに持つことにあると考えられています。農耕民族は、長時間屈んで農作業をすることが多かったため、かかとに体重をかけた「休め」の姿勢で立つ習性があります。対して狩猟民族は、獲物を見つけたらすぐに走り出せるように、つま先に重心を置いた「レディポジション（準備姿勢）」を常に取っていました。

もしあなたが欧米人のような魅力的な体型になりたいならば、**狩猟民族のように常につま先重心を意識してください。**立ち方を変えるだけでも、見違えるほど体型が変わります。

人間の体のあらゆる機能は20代をピークに衰え始め、筋肉も骨も使わなければどんどん退化していきます。特に筋肉量および筋力の減少は40代から顕著に現れ始め、80歳までにはピーク時の30~40%まで低下すると言われています。これは筋肉や骨を発達させる働きを担っている成長ホルモンの分泌量が、加齢とともに減少するためです。

「若返りホルモン」とも呼ばれているこの成長ホルモンの分泌量を増やすためには、質のいい睡眠と食事をとること、そして無酸素運動が効果的です。無酸素運動を行うと、生命の危機を感じた脳は筋肉の発達を促す成長ホルモンやテストステロン（男性ホルモン）のほか、闘争心を高めるアドレナリンなどの各種ホルモンを大量に分泌します。これらには体を若返らせたり、脂肪を燃焼させたりする効果があるため、**無酸素運動を継続すれば生涯にわたって「オスとしての魅力」**を保つことができます。

若さを保つ最大の秘訣は、ワークアウトを通じて脳と体を常にサバイバルな環境に置き、闘争心を煽ることです。**女性が品行方正な男性より危険な香りのする男性に惹かれるのは、強い男性が発している各種ホルモンを本能的に感じ取っているから**なのです。

無酸素運動は何歳から始めても効果を出すことが可能ですので、あきらめずにトライしてください。正しくワークアウトを行えば、**各種ホルモンの分泌量の低下が原因で引き起こされる筋力の低下や疲労感、抑うつ、不眠、集中力や記憶力の低下、ＥＤや性欲減退などの性に関わる更年期障害の改善**にも一役買ってくれます。また、姿勢の改善や血行促進にもつながるため、これらが原因の肩こりや腰痛も解消されます。

「男性の悩み」を解消して
オスとしての魅力を高める

長時間の無酸素運動は筋肉をみるみる萎《しぼ》ませる！

「鍛錬」や「忍耐」という言葉が大好きな日本人は、ワークアウトにおいても努力を惜しみません。しかし、あなたがもっとも効率的に、カッコいい体を手に入れたいならば、**今すぐ「長時間のワークアウト」を止めてください。**

前述した通り、ボディメイクに有利な筋肉は、無酸素運動で鍛えられる「速筋」です。速筋は短時間に強い負荷をかけた時にだけ成長するため、軽い負荷を長時間かけ続ける有酸素運動では決して太くなりません。最近の研究結果では、遅筋も速筋のように太く成長するとされていますが、この場合も無酸素運動のように短時間に強い刺激を与えた時だけです。

無酸素運動であってもダラダラと長時間行うと、継続して同じ動きをすることばかりにとらわれ、いつしか有酸素運動になってしまいます。これでは筋繊維の細い遅筋ばかりに刺激が加わり、行えば行うほど筋肉が萎んでいきます。

したがって、現在長時間やっている人は、まず**1回のワークアウトを30分以内に収めてみてください。**今回のメソッドも、自分のやりたい

部位を一度に数部位やったとしても、10分あまりで終わってしまいます。
　また、毎日ワークアウトを行っても、筋肉のエネルギーの回復には48～72時間必要であるため、筋肉はうまく成長できません。そのためワークアウトは**週1～2回程度にとどめるのが効率的**です。

逆三角形体型になりたいならマシンではなく断然ダンベル！

ダンベルを使う3大メリット

1. 狙った筋肉だけに強い負荷をかけやすい
2. フォームやコースを微調整できる
3. 筋力に合わせて重さを変えられる

初心者と聞くと、スポーツジムのトレーナーの多くは、真っ先にマシントレーニングをすすめます。しかし、いち早くモテる筋肉をつけたいならば、**初心者こそマシンではなくフリーウエイトでワークアウトを行ってください。**

筋肉が強い刺激を受けると、脳は「外部から強い敵がやってきたから、それに備えて成長しなくてはならない！」と防衛本能を働かせ、刺激を受けた部位の筋肥大を促します。したがって、カッコいい体を手に入れるためには**「ターゲットとなる筋肉だけに、どれだけ強い負荷を与えられるか」**がポイントとなります。

マシンは軌道が安定していることから重大なケガをしにくいというメリットはありますが、軌道が制限されてしまうので、ピンポイントで1部位を刺激するにはかなりのテクニックが必要となります。その結果、目的とする部位の周辺にある筋肉まで一緒に鍛えてしまい、セパレーションのないのっぺりとした体型ができあがってしまうのです。

フリーウエイトならばフォームを調整することでターゲットとなる筋肉にだけ強い刺激を与えることができますし、筋力に合わせて重さを変えられます。腕立て伏せなどの自重トレーニングも手軽で効果はありますが、負荷の重量や角度に制限があるため、パーフェクトなモテる筋肉を手に入れるにはダンベルを使うほうが効率的です。

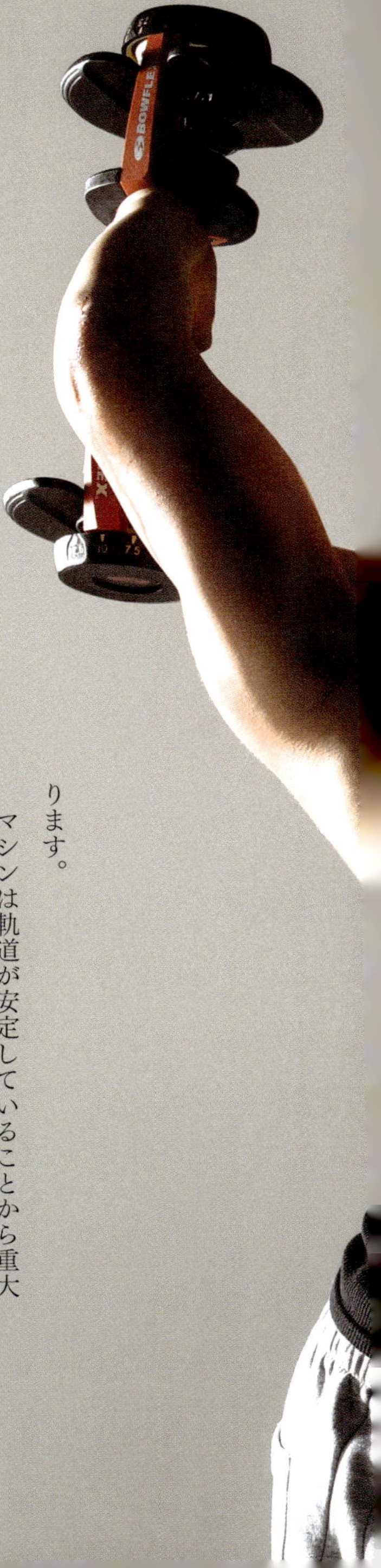

胸、肩、腕を鍛えれば スーツの着こなしが 見違える！

私のプライベートジムには、ビジネスで成功されている多くの経営者の方がいらっしゃいますが、どの方も「男の戦闘服」であるスーツの着こなしには並々ならぬこだわりをお持ちです。

なかでもアパレル関連のWebサイト運営会社を経営されているAさん（40歳）は、長年のスーツ愛好家でそのバリエーションも500着以上。おしゃれなだけあって、加齢とともに崩れていく体型にとても悩んでいたところ、私のジムに入会したある社長さんが自分よりも年上で多忙であるにもかかわらず、みるみる体型がよくなっていくのを見て「ぜひ自分も」と連絡をくださいました。

初めてのワークアウトでカウンセリングを行い、まずは大胸筋と上腕二頭筋を鍛えることに決定。腹まわりの贅肉を落としたいということだったので、体力や集中力が落ちないケトジェニックダイエット（糖質制限ダイエット）も並行して行うことにしました。

その結果、2ヵ月で胸や腕はみるみる太くなり、腹は引き締まったシックスパック状態に。いらっしゃるたびに、「体に立体感が出たので肩パッドが必要なくなりました」「以前は腹まわりを隠すためにベストを着ていたけど、今は引き締まっているのを見せるためによりタイトなものを着ています」「太って見えるからと避けていたグレーのポロシャツやシャツを着られるようになりました」「スーツをオーダーしたお店の人に〝できあがるまでに腕や肩が一まわり大きくなるから困ります〟って怒られちゃいました」と、うれしい報告をしてくださいます。

下の写真を見れば、効果は一目瞭然ですね。現在この方は、肩にある三角筋のバルクアップ（筋肥大）に励んでいます。スーツをイマイチ思ったように着こなせないという人は、胸、肩、腕を中心に鍛えてみてはいかがでしょうか。

before

ウエスト95cm

after

ウエスト75cm

Aさん（40歳）

CHAPTER 2

「モテる筋肉」をつける！北島メソッド完全解説

モテる筋肉は「フレックス」で目を覚ます!

筋肉を完全収縮させてセパレーションをつくる!

これからご紹介するワークアウトを行う際には、始める前にターゲットとなる筋肉の位置をしっかり理解してください。目視するだけでなく、手で触りながら軽く力を入れ、動き方まで確認するといいでしょう。動き始めてからも、常にどの筋肉を鍛えているのか意識して、別の筋肉を使わないように気をつけます。

　無酸素運動を行うと、筋肉には瞬時に大きな負荷がかかりますが、筋肉が過去に受けたことのない強い刺激を一瞬でも受けると、「成長しなければ死んでしまう!」という脳の防衛本能が働き、体は劇的な変化を起こします。さらに、モテる筋肉をつけるためには、ターゲットとなる部位のみにピンポイントで刺激を与える必要があります。

　これらすべての条件が満たされるのが、筋肉が完全収縮(フレックス)した状態です。よって、**フィニッシュポジションでは筋肉をフレックスさせることを常に心がけてください。**逆にいえば、どれだけ完璧にフォームをなぞっても、筋肉がフレックスしていなければいつまでたっても筋肥大は起きません。腕を上げるといった動きは、単なるガイドラインでしかないのです。

　フレックスしても見た目には数ミリ程度の差しかないので、はじめのうちは空いている手でその部位を触り、これ以上ないくらいまでかたくなっているか確認してください。

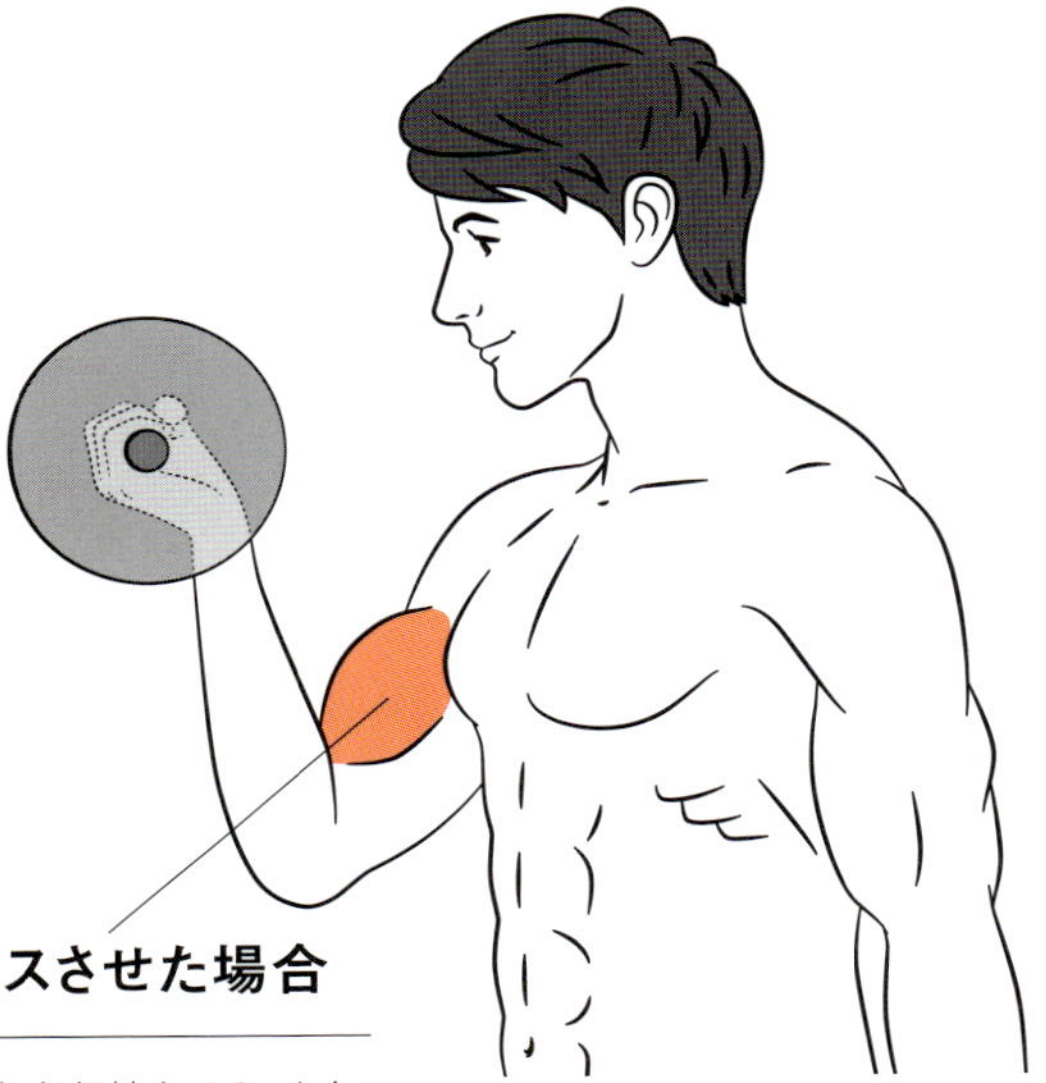

フレックスさせた場合

脳が筋肉を完全収縮させることを
考えている動き

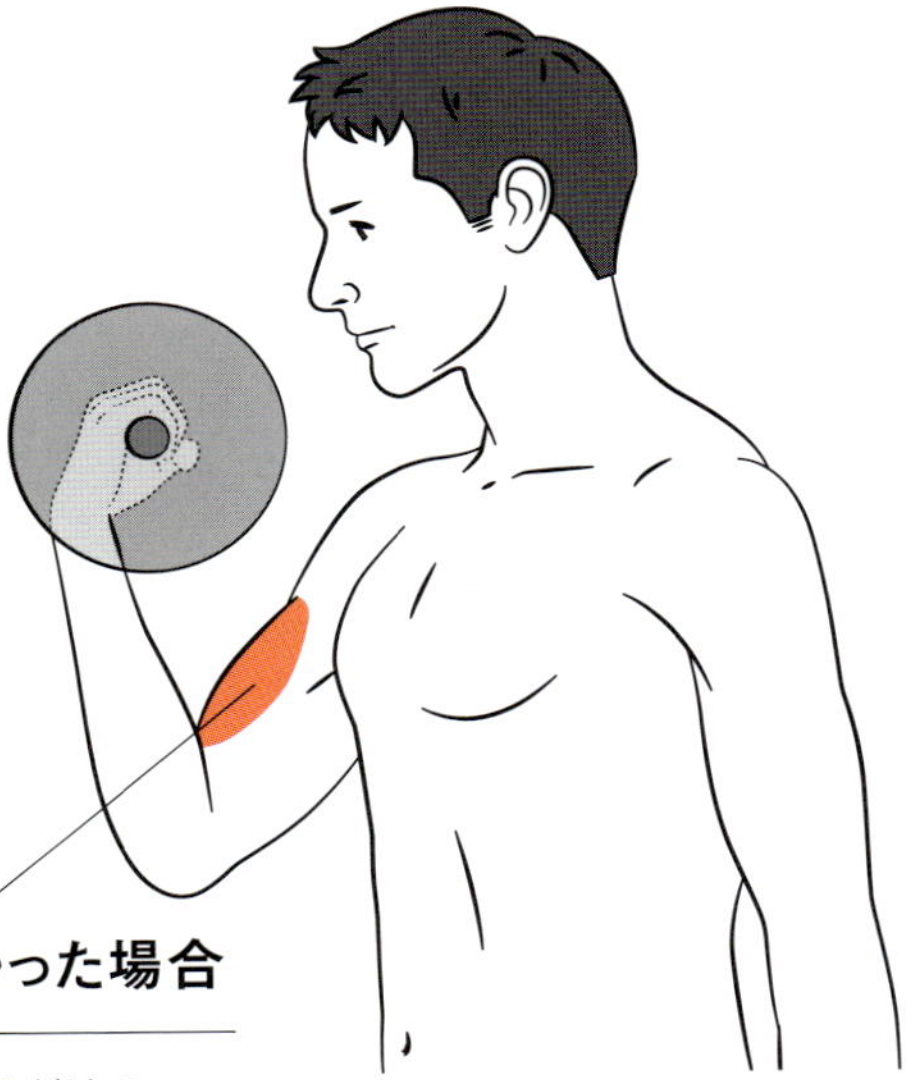

フレックスさせなかった場合

ただ動きをなぞっているだけで、
筋肉が完全収縮していない

筋肉コントロールが筋肥大の鍵となる

重いダンベル＝負荷が大きいという常識を捨てる

　ダンベルやバーベルを使ったフリーウエイトトレーニングでは、つい重さや回数にとらわれがちです。しかし、**ワークアウトの真の目的は、ただ筋肉を動かすことではなく「狙った筋肉で最大出力を出し、脳に防衛本能のスイッチを入れさせる」**ことです。それができていなければ、たとえ40kgのダンベルを何十回持ち上げることができても、まったく意味がありません。運送のプロである引っ越し会社や運送会社の作業員が日常的に活用している「重い荷物を体に負担をかけずに運ぶコツ」をつかんだにすぎないのです。

　よって、これからご紹介するワークアウトを行う際は、初心者も経験者もまずは**何も持たずにターゲットとなる筋肉をしっかりフレックスさせる練習から始めてください。**こうすることで脳と筋肉を結ぶ神経回路が目覚め、その後のワークアウトの効果を最大限に引き出すことができます。

　筋肉を自在にコントロールできるようになったら、次は５００g〜２kgのダンベルを使って負荷をかけていきます。ここでのポイントは、**むやみに重いダンベルを使用しない**こと。重要なのは「どれだけ重いダンベルを上げられたか」ではなく「狙った筋肉にどれだけ強い刺激を与えられたか」です。最初から無理に重いダンベルを使用してしまうと、持ち上げるためについ目的以外の筋肉の力を借りてしまうことにつながりますので、最初は物足りなくても軽めのダンベルから始めてください。

　きちんとフレックスしていれば、５００gの負荷でも筋肉は最大出力を発揮して肥大化します。

最初はダンベルを持たずに、
フォームをなぞりながら筋肉をフレックスさせる

モテる筋肉をつくる ダンベルの選び方

重量を自在に変えられる可変式がオススメ

ひと言でダンベルといってもさまざまな種類があるため、どれを選んでいいのか分からないという人も多いかと思います。

ダンベルには重量を変えられない固定式と、変えられる可変式の2種類があります。何も持たずに鍛えたい筋肉をフレックスさせられるようになったら、まず**500g〜2kgの固定式ダンベルを2本用意**してください。この程度の軽い重量のものなら、100円ショップやホームセンターで安く購入できます。

ワークアウトを続けるうちに「現在の負荷では最大出力を出せなくなった」「きちんと筋肉をフレックスさせているのに規定回数以上できてしまう」と感じたら、筋肥大が起こった証拠です。その都度、ご自身の筋力に合わせてウエイトを1〜2段階重くしましょう。

この時、**ウエイトが5kgを超えるようならば、可変式のものに切り替えるのがオススメ**です。固定式に比べると若干高価ではありますが、自分で簡単に重さを変えられるので買い足す必要がなく、長い目で見るとお得です。また、場所をそれほど取らないので収納スペースが確保できない人にも最適です。

固定式

可変式

北島メソッドの効果を引き出す7つのルール

1 週2回以上行っても時間のムダ

筋肉は損傷と回復を繰り返しながら成長していきますが、筋肉のエネルギーの回復には48 ～ 72時間かかります。筋肉が最大出力を出せるチャンスも、48 ～ 72時間に一度、たった7秒だと言われているため、毎日行う必要はありません。1部位のワークアウトは、最大でも週2回にとどめてください。

2 長時間の運動は筋肉をやせ細らせる

ボディメイクのために必要な速筋を鍛えるワークアウトの鉄則は「短時間×高負荷」です。ダラダラと長時間行っても筋繊維が細い遅筋ばかりが成長して、なかなか目に見える結果が出ません。よって、1回のワークアウトはかならず30分以内に収めましょう。もっとやりたくても我慢です。

3 1部位を徹底的に追い込むべし

早く結果を出したいと焦るあまり、1回のワークアウトであちこち鍛えるのはNG。筋肉量を急激に増やそうとしても、負担を感じた心臓がストップをかけてしまうので筋肥大は見込めません。そうなるとどれだけがんばっても結果が出ず、やればやるほどモチベーションが低下してしまいます。

4 3セット目に己の限界を超えろ

最終の3セット目にピークを持ってくることで、48 ～ 72時間に一度、7秒だけ出せる最大出力を確実に引き出すことができます。1セット目はフレックスしているか確認しながら慎重に、2セット目は少しだけ速く、そして3セット目は自分の限界を超えるために、無我夢中で行ってください。

5 普段の姿勢がモテる筋肉を育てる

34 ～ 35ページでご紹介する基本の姿勢は、ワークアウト中だけでなく、日常生活の中でもキープしてください。特に日本人に多い猫背の人は、肩が前に出て胸が狭まらないように気をつけましょう。立ち方を変えるだけでもモテる筋肉が刺激され、ボディラインがかなり改善されます。

6 ワークアウト終わりはナル男になれ

体重や体脂肪が落ちても、見た目が魅力的でなければ意味がありません。ワークアウトを始めたら、体全体を鏡でチェックする習慣をつけてください。特にワークアウト終わりはパンプアップ（33ページ参照）という現象で筋肉が＋5kgついたのと同じ状態ですので、見るとモチベーションが上がるはずです。

7 腹を凹ませたいなら胸や腕を鍛えろ

上半身のワークアウトを行う際にはかならず腹筋群に力が入りますので、腹を凹ませたい人であっても腹筋だけに特化した運動を行う必要はありません。それよりも胸や腕などもっと目につく部位を鍛えたほうが、その部位と腹の両方に刺激を与えることができ、結果的に全身のボディバランスが整います。

北島メソッドの行い方

基本の姿勢
→34ページへ

1. 胸（大胸筋）
→36ページへ

こんな人にオススメ！

体が薄っぺらいのが悩み

胸より腹が目立つ

なるべく早く結果を出したい

2. 肩（三角筋）
→46ページへ

こんな人にオススメ！

スーツをもっとカッコよく着こなしたい

なで肩、肩幅が狭い、顔が大きい

肩こり、四十肩、五十肩が悩み

3. 背中（広背筋）
→56ページへ

こんな人にオススメ！

肩幅が狭くて貧弱に見える

メリハリがないずん胴体型

背中がブヨブヨで後ろ姿がカッコ悪い

4. 腕・前面（上腕二頭筋）
→66ページへ

こんな人にオススメ！

筋肉がついていることをアピールしたい

インスタ映えする筋肉をつけたい

Tシャツをカッコよく着こなしたい

5. 腕・背面（上腕三頭筋）
→76ページへ

こんな人にオススメ！

二の腕の振り袖肉をなくしたい

どの角度から見てもカッコいい腕を手に入れたい

腕の瞬発力が必要なスポーツをしている

6. 腹（腹直筋）
→86ページへ

こんな人にオススメ！

たるみきったウエストを引き締めたい

ぽっこり出たメタボ腹を解消したい

姿勢や筋力低下による腰痛に悩んでいる

ワークアウトを行う際は姿勢がもっとも重要であるため、立ち姿の矯正からスタートします。**基本の姿勢をマスターしたら、お悩みに合わせてまずは1部位だけ鍛えましょう。**狙う筋肉の体積が小さければ小さいほど、正しく負荷をかけさえすれば短期間でバルクアップすることができます。モチベーションを高めるために、まずは自分が一番コンプレックスを感じている部位からアプローチするのがオススメです。

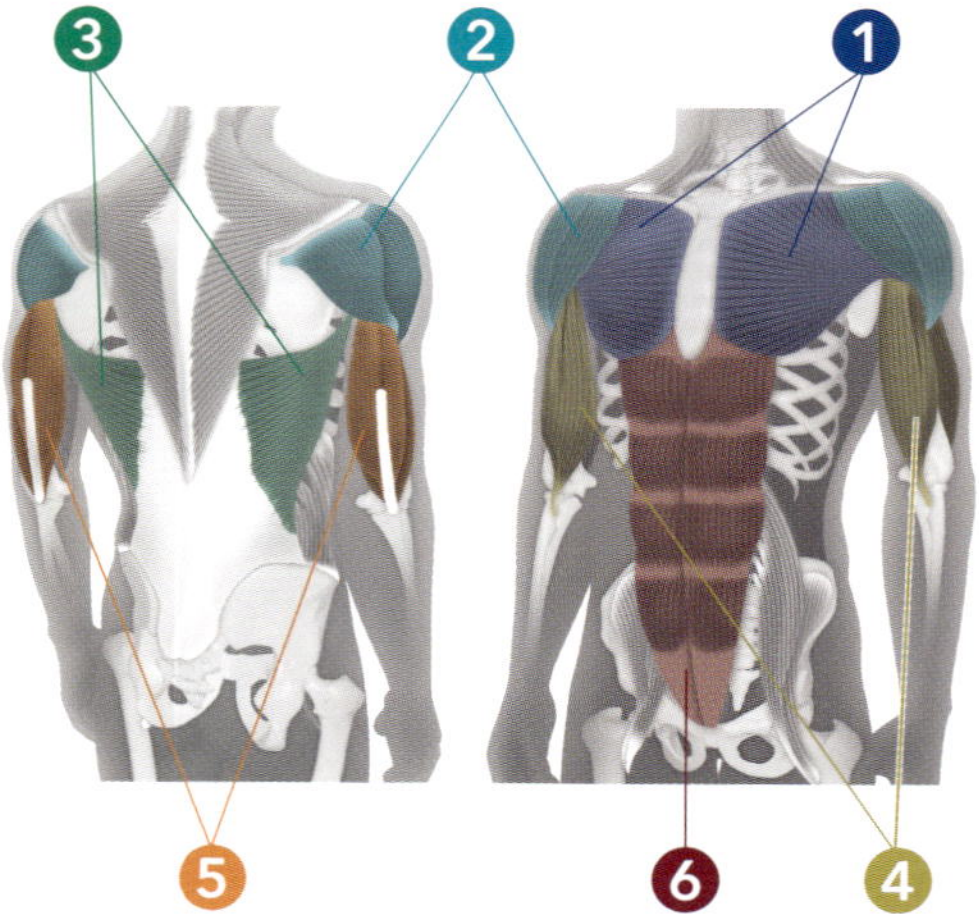

初めて行う場合は

どれか1メソッドだけを徹底的に行う

この本では、1部位につき2つのメソッドが紹介されています。

北島メソッドの初心者は、まずは「筋肉の位置や動きを理解し、ピンポイントでフレックスさせる」という基礎を徹底的にマスターしましょう。ターゲットとなる1部位が決定したら、2メソッドのうちどちらか好きなほうを1メソッドだけ集中して行います。

ワークアウトを始めたら、毎日鏡を見る習慣をつけ、ターゲットとなる筋肉だけがきちんと発達しているかを確認しましょう。もしも、その周辺にある筋肉や、体型を醜くする「モテない筋肉」までもが肥大化している場合は、ワークアウト時のフォームや姿勢を見直してください。

慣れてきたら

仕上げのパンプアップで効果を高める

筋肉をコントロールできるようになったら、1部位につき2メソッドとも行います。

この場合、1メソッド目では筋肉量を増やす「バルクアップ」を、2メソッド目では筋肉を一時的に張らせる「パンプアップ」を促すのが効果的です。

バルクアップが目的の1メソッド目では、重めのウエイトを使用し、筋肉に最大出力を発揮させてください。一方、パンプアップを促す2メソッド目では、500g〜1kgの軽いウエイトに持ち替え、できるだけ高速で行います。最終的に、筋肉が自転車のタイヤのように膨らんだらOKです。

このほか、だんだんとウエイトを重くしながら、どちらか1メソッドだけ集中的に行うのもいいでしょう。

パンプアップとは

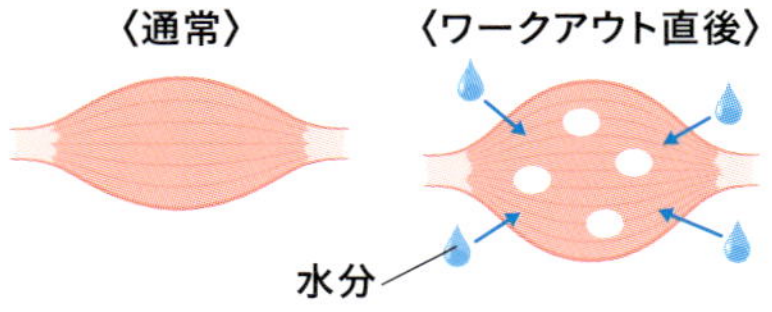

パンプアップはどのように起こるのか

無酸素運動によって筋肉に軽い負荷をかけ続けると、血液や水分が大量に流れ込み、パンパンに膨らみます。これがいわゆる「パンプアップ」という現象です。筋肉の表面積を限界まで膨らませることで、脳に「筋肉をもっと大きくしなければならない」と判断させ、筋肥大を促します。このほか、「成長因子の分泌を促進させる」「筋肉が＋5kgついた状態を体感できるためモチベーションが上がる」といった効果もあります。

ウォーミングアップ

モテる筋肉をつくる 基本の姿勢

初心者も上級者も、まずは正しい姿勢を身につけましょう。このポジションを取るだけで脳が自然と臨戦態勢に入り、結果を最大限に引き出せます。

カッコ悪い姿勢はブサイクな体型をつくる！

かかと重心でワークアウトを行うと、この体勢を取るために必要なモテない筋肉ばかりが発達してしまい、体型がみるみる崩れていきます。**ワークアウト時の姿勢は鍛えた後のボディラインに直結している**と考えてください。

欧米人のような逆三角形体型を目指すなら、彼らが無意識に実践している**「つま先重心」でワークアウトを行いましょう。**日常生活で立ち方を変えるだけでも、かなり体型が変わるはずです。

日本人に多い猫背では上半身の筋肉が正しく使えないため、**胸を広く保つのもポイント**です。猫背のままワークアウトを行うと、肩から首に広がる大きな筋肉である「僧帽筋」だけが鍛えられ、なで肩になったり、肩のラインが不格好になったりしてしまいます。**骨盤を前傾させると自然に胸が開く**ので、あわせてチェックしてください。

姿勢の３大ポイント！

1. 重心はつま先に置く

重心はかならず「つま先の内側」に置いてください。こうすることで力を入れなくても膝がまっすぐに伸び、下半身のモテない筋肉に負担がかかりません。

2. 骨盤を前傾させる

背筋を伸ばしておしりをツンと上げると、骨盤が前に傾きます。「反り腰になるのでは？」と心配する人もいますが、それはかかと重心で行った場合です。

3. 胸を張って広く保つ

胸の真ん中をななめ上方向から糸で引っ張られているイメージを持ちます。横から見た時に、肩が体の中心よりも後ろにあるように意識してください。

肩は体の
中心よりも後ろ。
力は抜く
肩を広げて
胸を張る
僧帽筋
ここは鍛えない！
ななめ上から
胸の真ん中を
糸で引っ張られて
いるイメージ
おしりを
ツンと上げると
骨盤が前傾
背筋を伸ばして
骨盤ごと前に倒す
膝はまっすぐに
伸ばす
重心はつま先の
内側にかける
Side
Front

モテる筋肉 1

胸（大胸筋）

こんな人にオススメ！

- 体が薄っぺらいのが悩み
- 胸より腹が目立つ
- なるべく早く結果を出したい

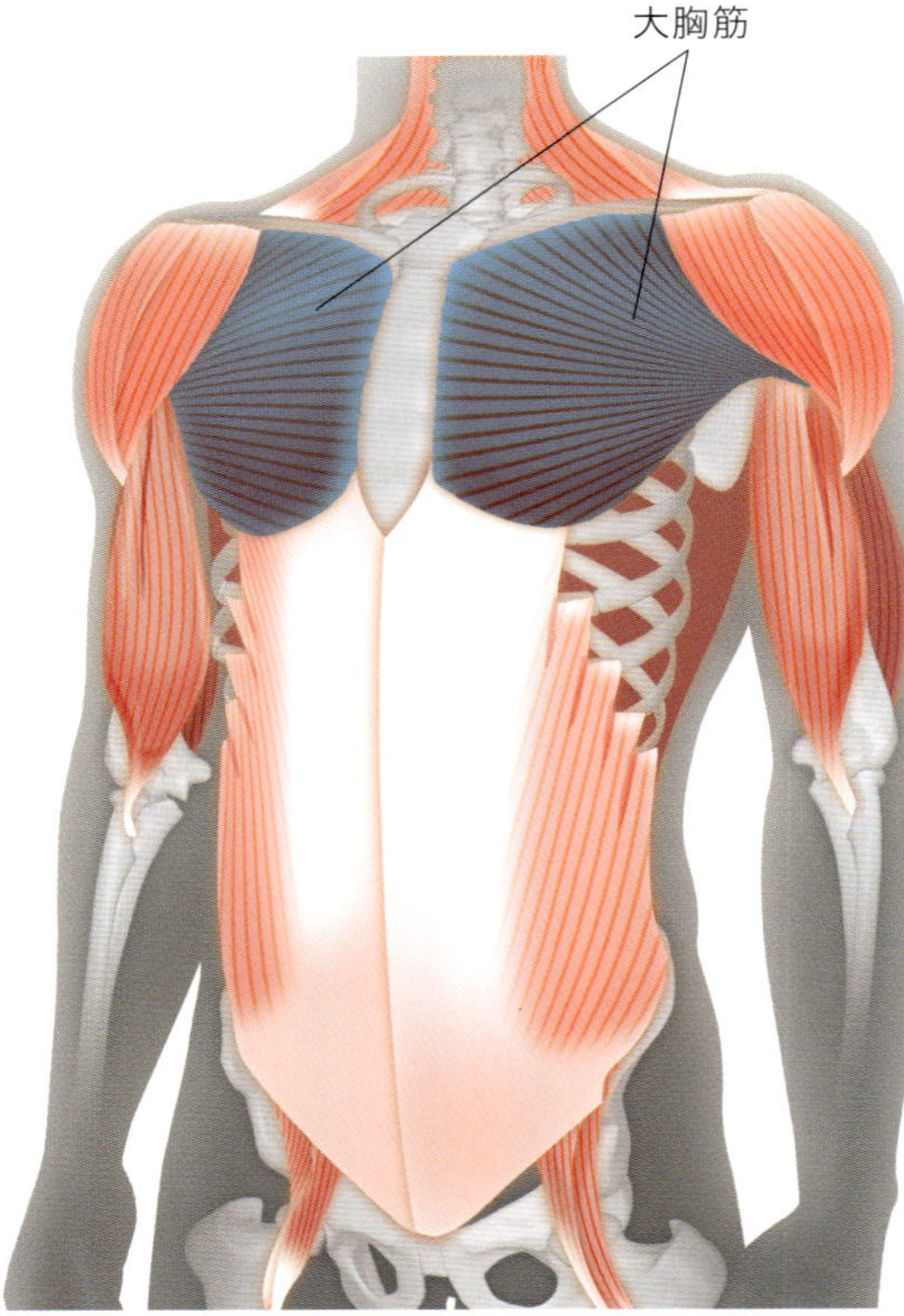

胸板を形成する「大胸筋」はモテ筋肉の最重要部位！

たくましい男性の象徴である「分厚い胸板」を手に入れるために必要なのが、「大胸筋」です。

大胸筋は、水平に腕を動かす時に伸び縮みする部分ですが、日本人の多くは猫背で肩が前方に巻いているため、筋力が落ちがちな部位です。

しかし、普段使っていないからこそ、正しく負荷をかければ短期間で目に見えて発達します。特に初心者はワークアウトのモチベーションを高めるために、まずは腹筋ではなく大胸筋から鍛えましょう。

モテる大胸筋

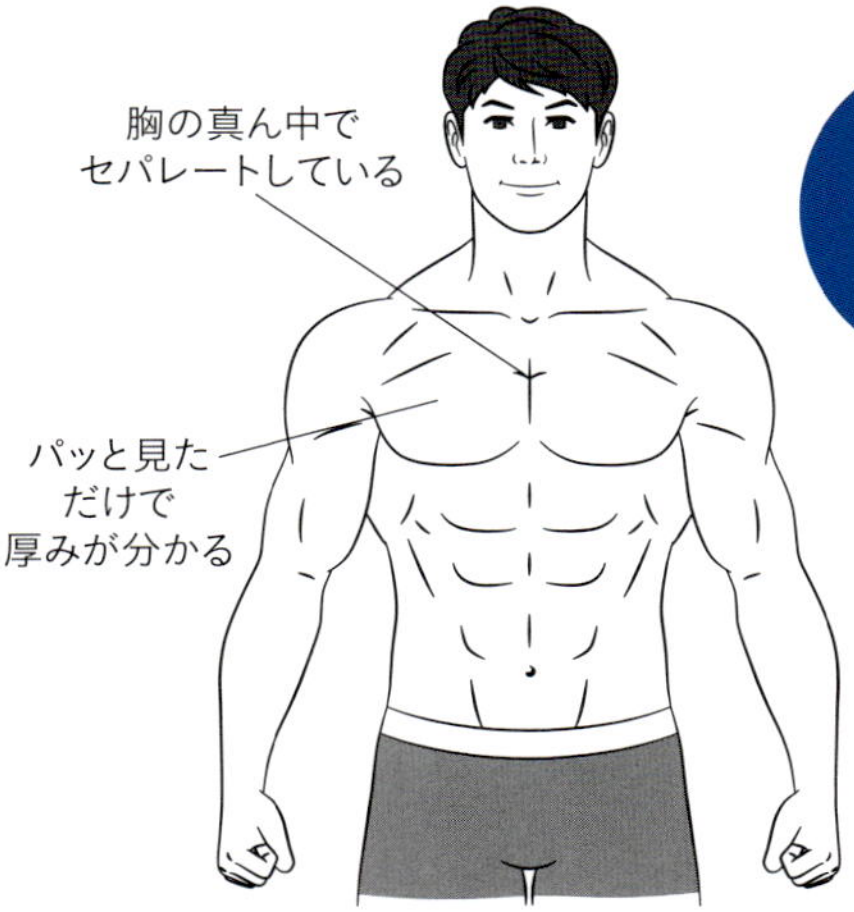

Front

厚い胸板は男らしさの証！　理想の逆三角形体型を手に入れるためには欠かせない筋肉です。全体の立体感や、胸の真ん中のラインがポイント。

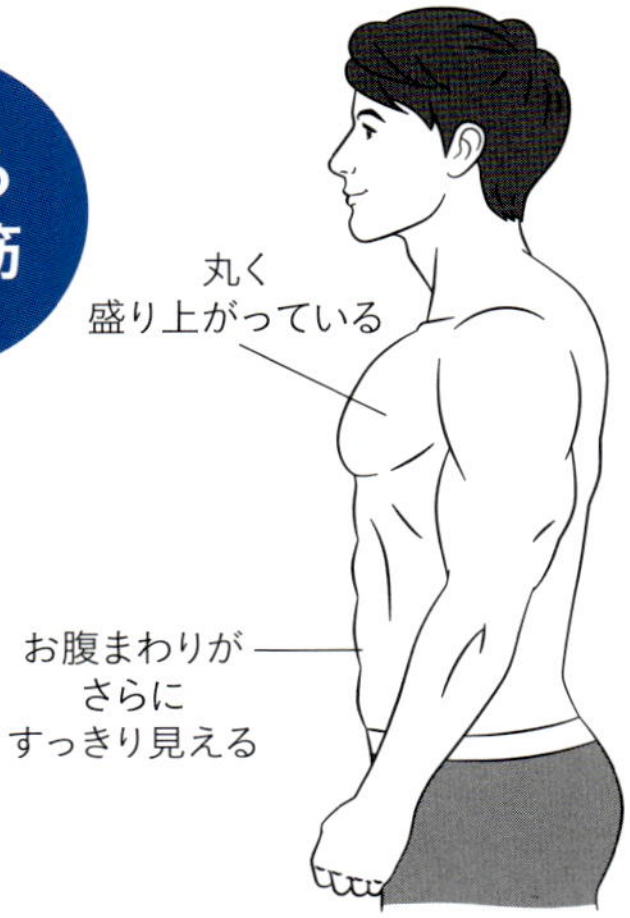

Side

横から見た時にツンと上を向いているのが理想。大胸筋が発達すればその下の脂肪も引き上がるため、お腹が自然と凹んで見えます。

モテない大胸筋

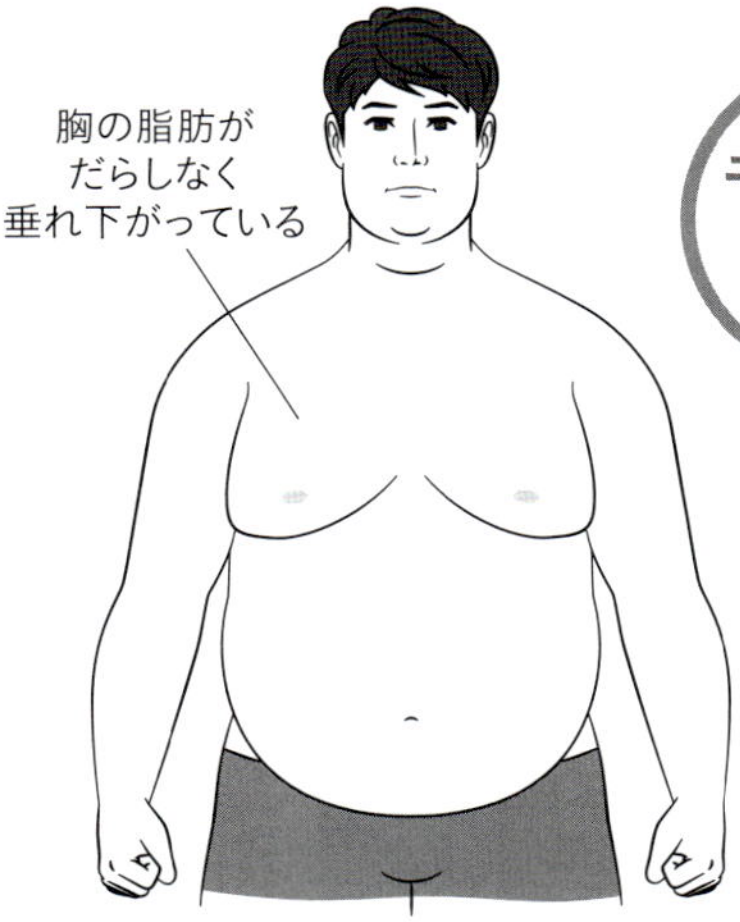

Front

女性だけでなく男性も、大胸筋が衰えると胸に脂肪がついて「垂れ乳」になります。特にＴシャツやタイトな服を着ると悪目立ちするのが困りもの。

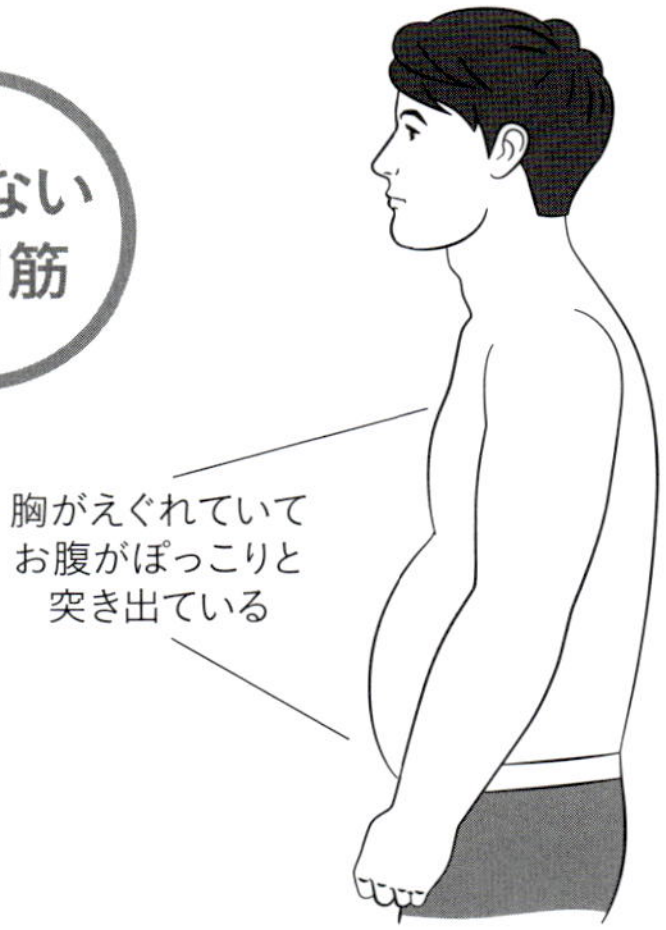

Side

胸に筋肉も脂肪もない人は、ぽっこりお腹が目立ちがち。また、やせ型の人はあばら骨が浮き出ているとどうしても貧弱な印象に映ります。

モテる筋肉1

大胸筋 Method 1

ダンベルフライ

バタフライ（蝶）のように腕を動かすワークアウト。ウエイトが重すぎると筋肉を傷める可能性があるためまずは軽めのウエイトで行いましょう。

フレックスポイント（この部分の筋肉を完全収縮するよう意識）

動かす方向

1 仰向けになり膝を立てる ダンベルは右手で軽く持つ

背中の下にヨガマットを丸めたもの、ストレッチポール、小さめの枕やクッションなどを敷いて仰向けになる。おしりは丸めたヨガマット等に乗せず、床に下ろす。膝を立てたら右手にダンベルを持ち、ひじを軽く曲げる。ダンベルはギュッと握らず、親指にひっかけるように軽く持つのがポイント。

② 左指先を右大胸筋に当て右大胸筋に力を入れる

左手の指先を右大胸筋の脇側に置いたら、右大胸筋にぐっと力を入れる。

③ 腕が垂直に上がると同時に左指先を胸中央にすべらせる

右大胸筋を胸の中央に向かって収縮させながら、床と垂直の位置まで腕を上げる。腕の動きに合わせて、左手の指先も胸の真ん中まですべらせる。左指先をすべらせながら、右大胸筋がかたくなっているか確認すること。右大胸筋を伸ばしながら左右とも腕を元の位置に戻して１回。

左右それぞれ
10回×3セット

効果アップポイントをCheck!

効果を高めるポイント

Check! 1 ダンベルを強く握らない

ダンベルをギュッと握りながら行うと、胸ではなく腕に力が入ってしまうため、大胸筋がまったく刺激されません。

2 Check! 肩を浮かさない

腕を持ち上げた時に肩が床から持ち上がってしまうと、胸が縮こまってしまいます。これでは大胸筋が使えません。

1 慣れたら両手で行う

指先で確認しなくても大胸筋を収縮できるようになったら、次は両手で行う。最初は正確に行うために、軽いウエイトを使うのがオススメ。

2 ひじを曲げない ダンベル同士を離す

フレックスした時に、ひじが曲がらないように注意すること。腕を伸ばしたまま、ダンベル同士がぶつからないように離す。自分から見て逆ハの字になるように、腕を付け根から外側に回すと大胸筋により刺激が入る。

モテる筋肉1

大胸筋 Method 2

ダンベルプレッシャー

手のひらを胸の前で合わせ、双方向から押し合うことで刺激を注入。ダンベルを使うことでより負荷が高まり、効率よく大胸筋を鍛えられます。

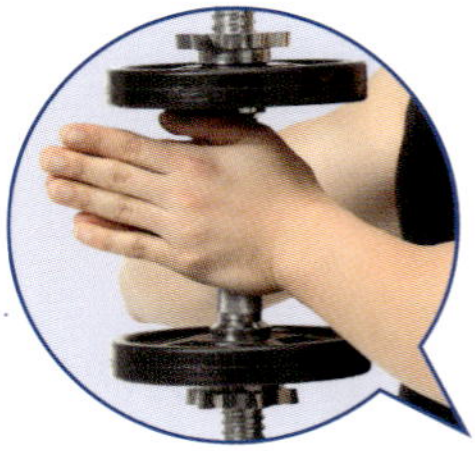

1

ダンベルを手のひらの付け根で挟み胸の前で押し合う

まずは基本の姿勢で立つ。つま先重心、骨盤前傾、胸を張るという3点をしっかりキープすること。手のひらの付け根でダンベルをしっかり挟んだら、胸の前で押し合い、大胸筋に力を入れる。肩が上がらないように注意。

2

大胸筋を
胸中央に寄せながら
腕をまっすぐ前に伸ばす

大胸筋の力を保ったまま腕をまっすぐ前に伸ばす。腕の筋肉を使わないように、大胸筋を胸の中心に寄せるイメージを強く持つこと。慣れるまではゆっくり慎重に行う。力を抜きながら①のポジションに戻ったら、この動作を繰り返す。

10回×3セット

効果アップポイントをCheck!

モテる筋肉1 大胸筋 Method 2

効果を高めるポイント

Check! 1 猫背にならないように注意

腕を伸ばす際に背中が丸まってしまうと大胸筋が使えないため NG。胸が張れない場合は、つま先重心と骨盤前傾が保てているか再度チェックしてください。

2 Check! ダンベルは手のひらの付け根で挟む

指先でダンベルを挟むと胸に刺激が入りづらくなります。ダンベル落下によるケガにもつながるので、毎回正しい位置で持てているか確認してください。

モテる筋肉1
大胸筋
Method
2

ステップアップメソッド

すばやくフレックスさせると効果倍増
腕を上げる角度で刺激が変わる

慣れてきたら、大胸筋をフレックスさせる速度を上げると効果倍増。腕の動きではなく、大胸筋の伸縮に意識を集中させること。腕をななめ上方向に伸ばすと大胸筋の上部が鍛えられるのでバストアップに効果的。ななめ下に伸ばすと下部に丸みを持たせられるので、体型に合わせて角度を調整する。

モテる筋肉 2

肩（三角筋）

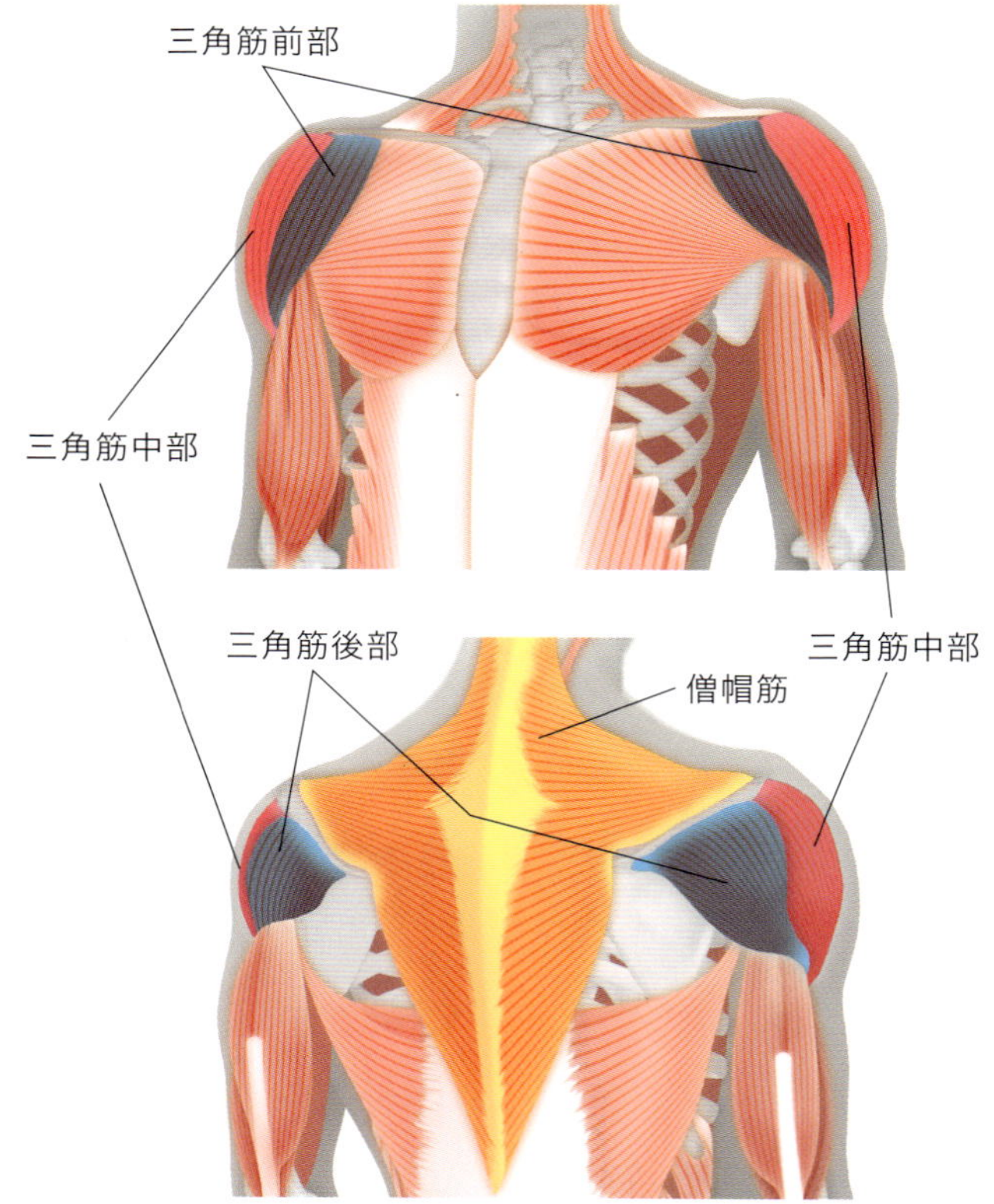

こんな人にオススメ！

- スーツをもっとカッコよく着こなしたい
- なで肩、肩幅が狭い、顔が大きい
- 肩こり、四十肩、五十肩が悩み

スーツで女子モテを狙うなら日本人の弱点「肩」を鍛えよ！

三角筋は、腕と胴体のジョイント部分にある筋肉です。目立つ場所にあり、全身のシルエットを左右する重要な部位であるため、欧米人は「スーツやTシャツの着こなしが変わる」と、かならずここを鍛えます。

しかし、日本人のほとんどは肩まわりが貧弱でなで肩です。これは日頃の猫背とかかと重心で、僧帽筋ばかりを鍛えてしまっていることが原因です。三角筋を鍛えるワークアウトを正しく行えば、自然と僧帽筋を使わない習慣がつきますので、姿勢や血行不良が原因の肩こりなども改善します。

モテる三角筋

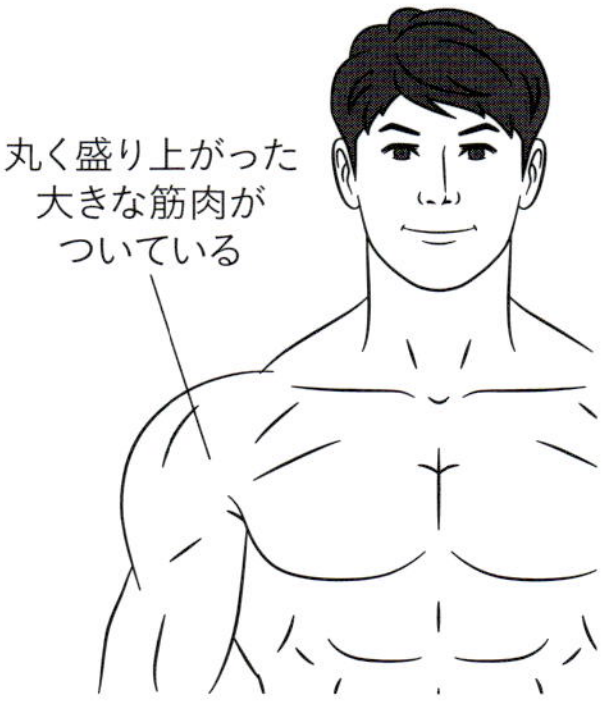

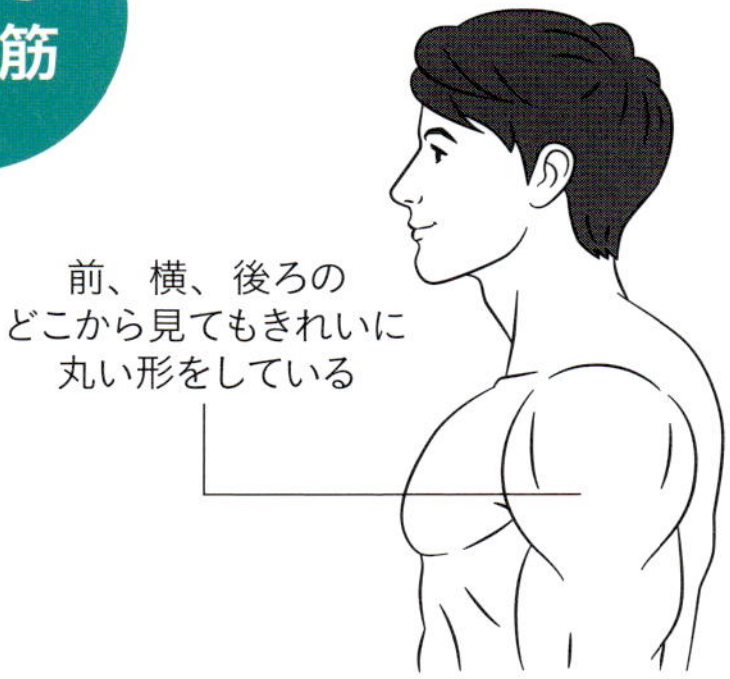

Front

肩から首に広がっている僧帽筋よりも、肩にある三角筋のほうが発達しているのが理想。三角筋がつくと肩幅が広く、顔が小さく見えます。

Side

三角筋は前部、中部、後部の３つの部位に分けられます。これらをまんべんなく鍛えると、どの角度から見ても立体感のある肩に仕上がります。

モテない三角筋

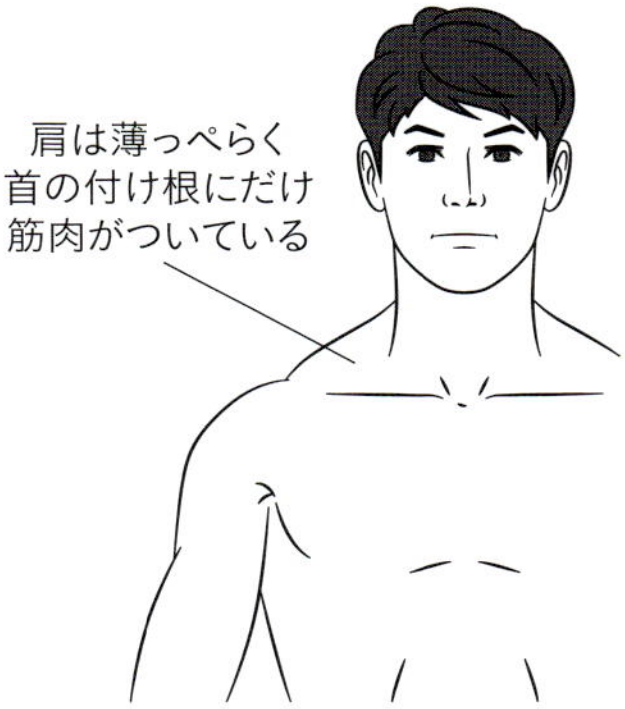

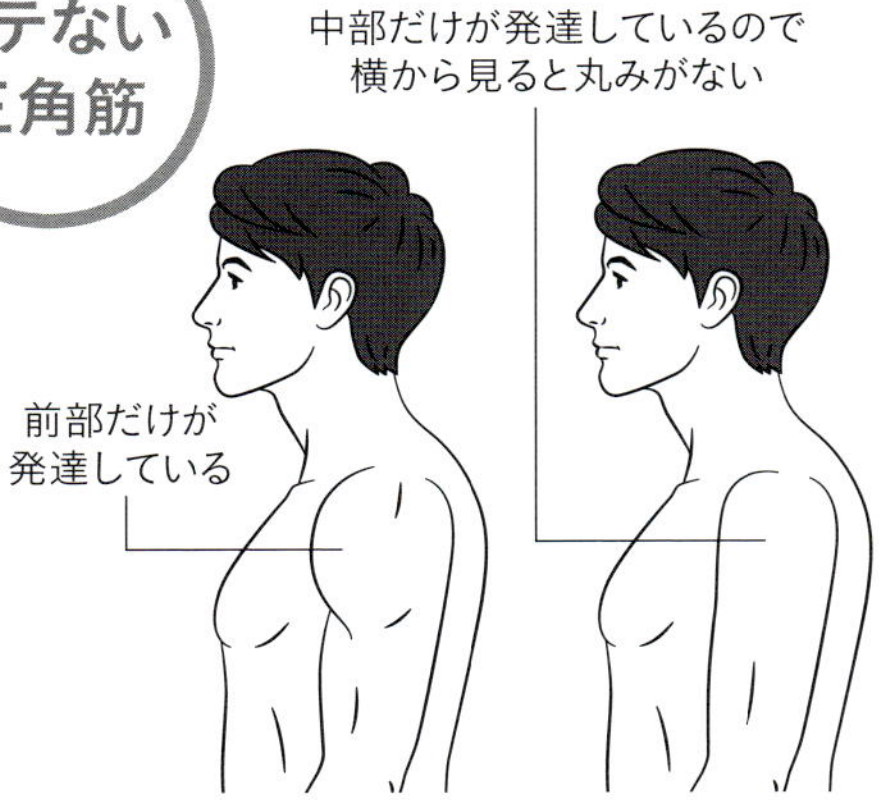

Front

僧帽筋が伸びきった猫背の姿勢で日常生活やワークアウトを行うと、首の付け根が盛り上がってなで肩になってしまいます。この場合、三角筋はまったく発達しません。

Side

前部、中部、後部の一部だけが発達すると、アンバランスな形になってしまいます。前からだけでなく、横や後ろからもチェックしながら鍛えましょう。

フレックスポイント
（この部分の筋肉を
完全収縮するよう意識）

動かす方向

モテる筋肉2

三角筋 Method 1

アップライトロウ

ダンベルをあごの位置まで高く持ち上げる代表的なワークアウト。腕を下ろす時に、前後部に加えて中部も鍛えられるため、丸い肩をつくれます。

1 基本姿勢で立ったら ダンベルをあごまで上げる

足をそろえて基本姿勢で立つ。つま先重心、骨盤前傾、胸を張るという3点をチェック。ダンベルの中心を両手で持ったら、あごの高さまで上げる。この時、胸を張ったまま手首よりひじを前に出すのがポイント。

2 半円を描きながら腕を下ろす

つま先重心、骨盤前傾、胸を張った基本姿勢を保ったまま、半円を描くように腕を下ろす。この時、三角筋がギュッとかたくなっているのを感じられればOK。腕が下りたら力を抜き、再びダンベルをあごまでまっすぐ上げる。

Side

Side

10回×3セット

効果アップポイントをCheck!

モテる筋肉2
三角筋
Method
1

効果を高めるポイント

Check! 1 構えは応援団をイメージする

スタートポジションでは、応援団が「フレーフレー」とかけ声をかける時の姿勢を参考に、しっかり胸を張ります。横から見た時に、手首よりもひじが前に出ているか確認すること。

2 Check! 胸を張って上体をまっすぐに保つ

あごの前で構える際にひじが下がると、体が反ってしまい三角筋を使えません。また、腕を下ろす途中で猫背にならないよう注意しましょう。胸が狭まると、僧帽筋に負荷が逃げてしまいます。

1 慣れてきたら ウエイトを重くする

三角筋への意識が高まったらだんだんとウエイトを重くしていくが、無理に増やして猫背になることは避ける。

2 バーベルを使う場合は バーのみから始める

ダンベルが重くなるに従って持ちにくくなった場合は、バーベルを用いる。最初はプレートを装着せずにバーだけでシミュレーションすると、その後のワークアウトでより正しく三角筋を使える。

モテる筋肉 2

三角筋
Method
2

サイドレイズ

人気のメニューですが、実は刺激が逃げやすく、正しく行わなければ効果がまったく出ません。経験者も再度ポイントをおさらいしましょう。

1 サムレスでダンベルを持つ 手首は少し外に反らす

つま先重心、骨盤前傾、胸を張る基本姿勢で立ったら、親指を巻きつけずに他の 4 本の指だけでバーを握るサムレスグリップでダンベルを持つ。手首は少し外に反らす。

2

手首を反らしたまま腕を水平に上げる

手首を反らした状態を保ちながら、三角筋に力を入れる。肩を軸にしてダンベルを持った腕を横に上げていく。頂点の高さでも、天井方向に手首をしっかり反らすことで、腕の筋肉を使うことなく三角筋だけを刺激できる。この時、小指側が少し上にくるように肩から腕を回すと刺激が強まる。力を抜きながら同じ動線で①まで戻す。

10回×3セット

効果アップポイントをCheck!

モテる筋肉2
三角筋
Method 2

効果を高めるポイント

Check! 1 手のひらを前に向けない

頂点の高さまで腕を上げた際に手のひらを正面に向けてしまうと、三角筋がまったく使えません。肩や腕を回しすぎないように注意しましょう。

2 Check! 肩が前に出ないように胸を張る

肩を丸めて猫背のまま腕を上げると、三角筋ではなく僧帽筋を刺激してしまいます。腕を上げる動作を後ろから見た時に、肩の付け根が盛り上がってきてしまう人は僧帽筋を使っているため、姿勢を正す必要があります。

1 膝を曲げて上体を倒す ダンベルを持った 両手を下ろす

三角筋の意識が高まったら、リアレイズを取り入れると後部を重点的に鍛えられる。つま先重心で立ったら、膝を曲げ内股になる。上体を前に 45 度倒し、おしりを突き出して骨盤を前傾させる。胸を張ったら、ダンベルを持った両手をまっすぐ下ろす。

2 腕を真横に上げる

三角筋をギュッとかためる。そのまま腕だけを真横に開き、ダンベルを持ち上げる。高さは上がるところまでで OK。三角筋後部がフレックスしていることが確認できたら、力を抜いて元の位置まで腕を戻す。①と②を繰り返して 10 回 × 3 セット行う。

体を起こす反動を利用して
ウエイトを持ち上げるのは NG！

モテる筋肉
3

背中（広背筋）

こんな人にオススメ！

肩幅が狭くて貧弱に見える
メリハリがないずん胴体型
背中がブヨブヨで後ろ姿がカッコ悪い

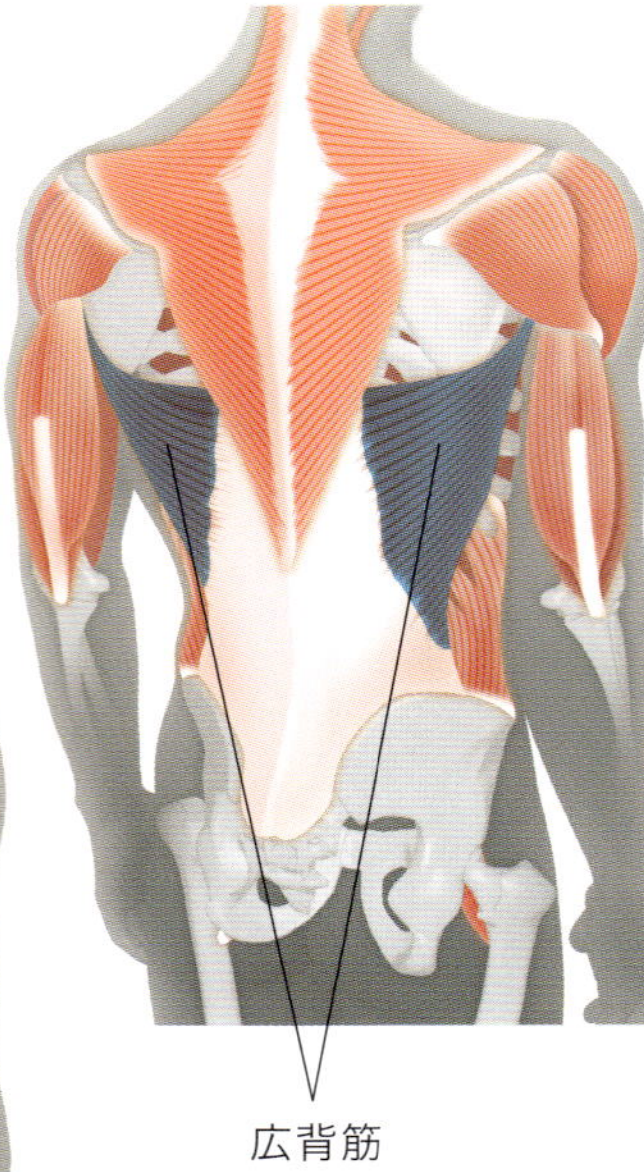

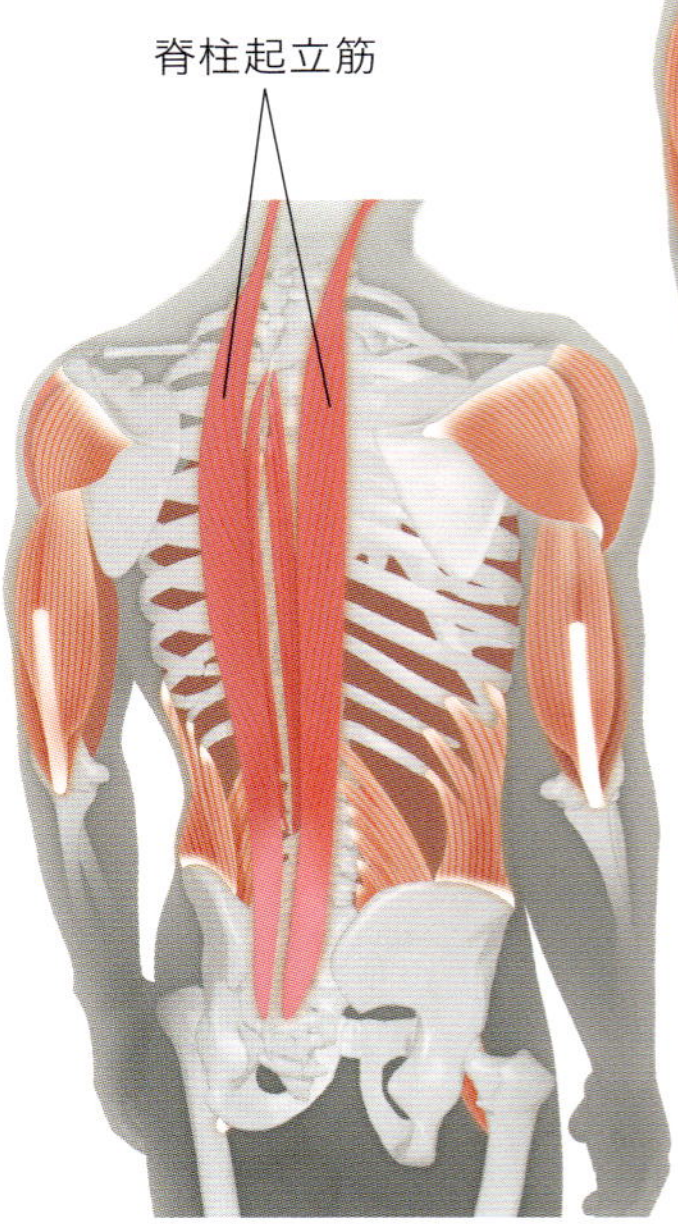

デキる男はここが違う！背中＝広背筋で差をつける

広背筋は、背中の大部分を覆っている非常に大きな筋肉で、主に物を引っ張るような動作で使われます。

日本人は猫背が原因で、この広背筋が伸びっぱなしになっている人がほとんどです。これでは背骨に沿うように走っている脊柱起立筋ばかりが発達してしまい、猫背がどんどん悪化してしまいます。

広背筋が肥大すると背中の上部が横に広がり、逆三角形体型が手に入ります。どの角度から見ても完璧な体を目指すならば、積極的に鍛えるべき部位と言えるでしょう。

モテる広背筋

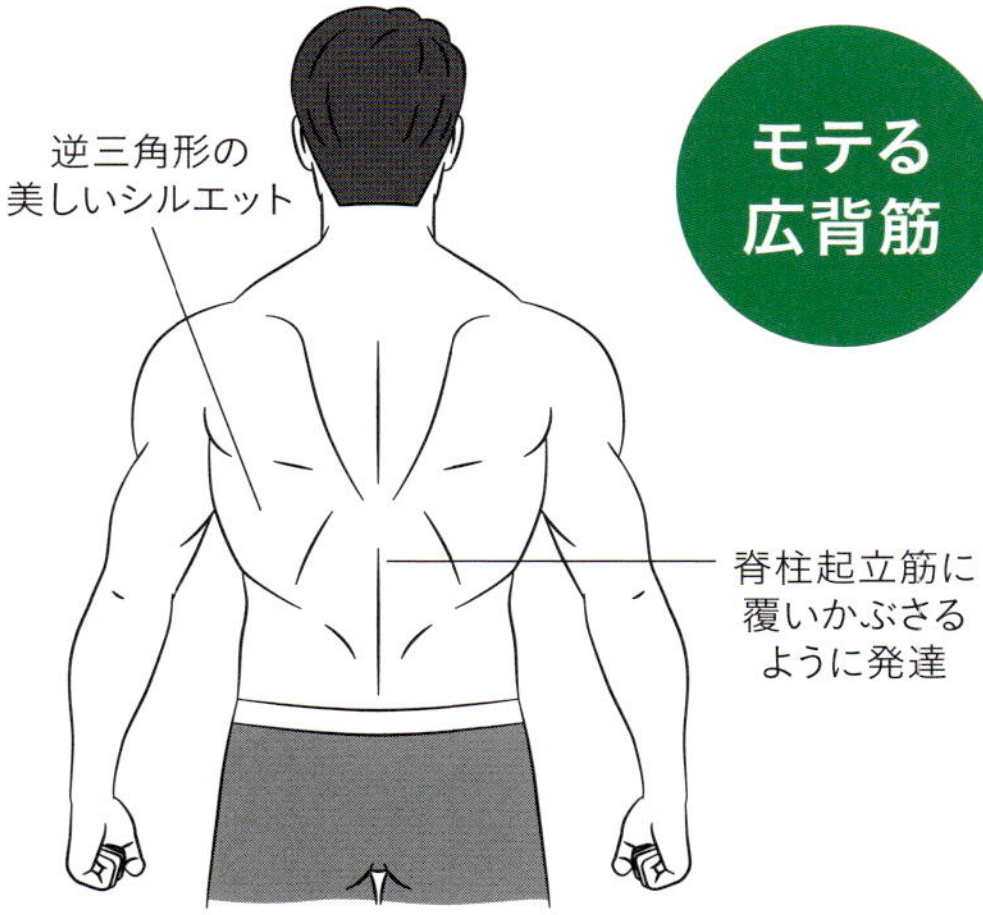

Back

広背筋が発達すると上半身のボリューム感がぐっと強調されます。体の中でも大きな筋肉のひとつなので、鍛えれば目に見える変化が実感できます。

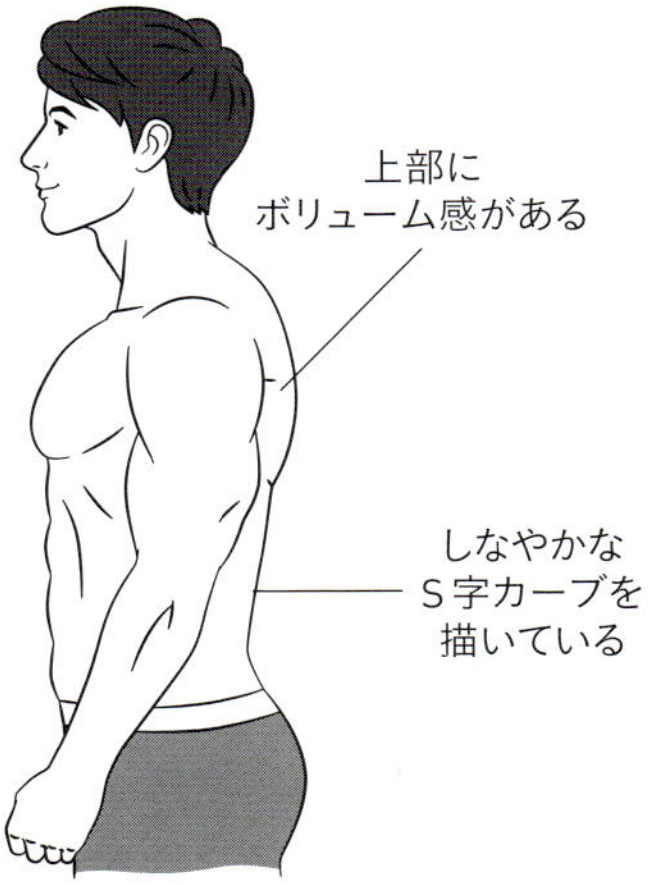

Side

背中の上部に厚みが出ると、視覚効果でウエストまわりが引き締まって見えるため、ウエストサイズが気になる人やずん胴体型に悩んでいる人も要チェック！

モテない広背筋

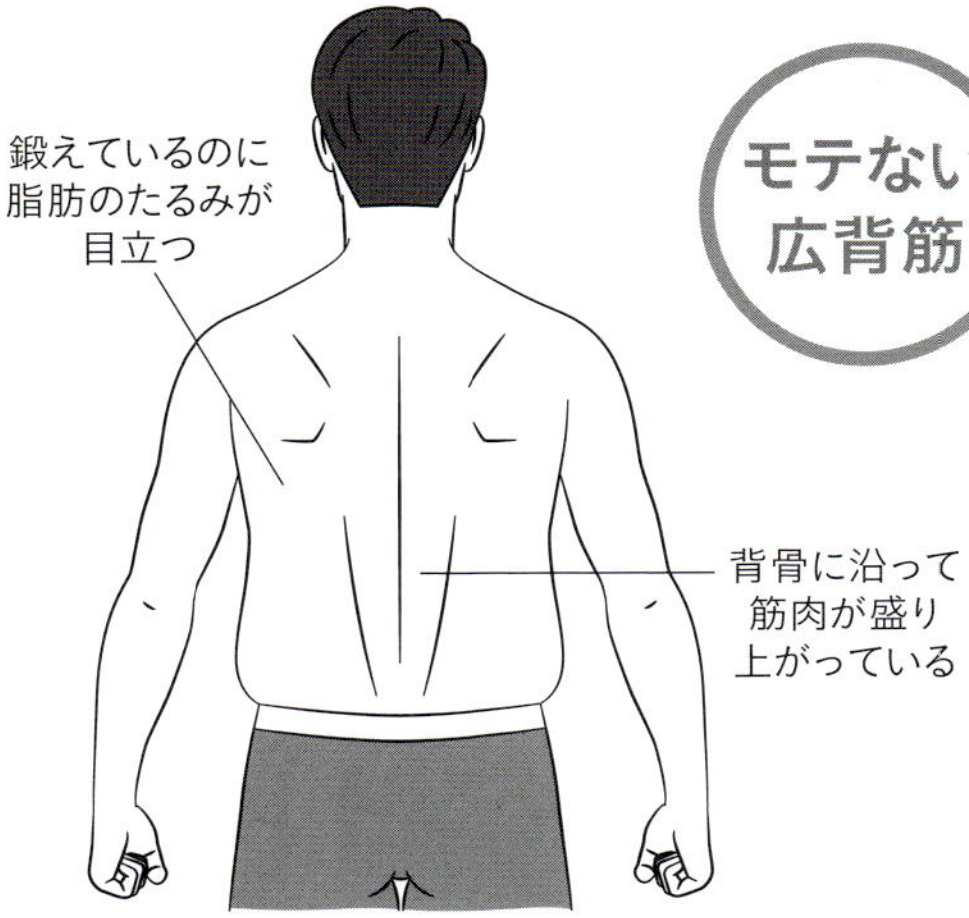

Back

猫背でワークアウトを行うと脊柱起立筋だけが発達し、広背筋はどんどん衰えていきます。その結果、猫背が進んでスタイルが悪くなるばかりか腰痛の原因にも。

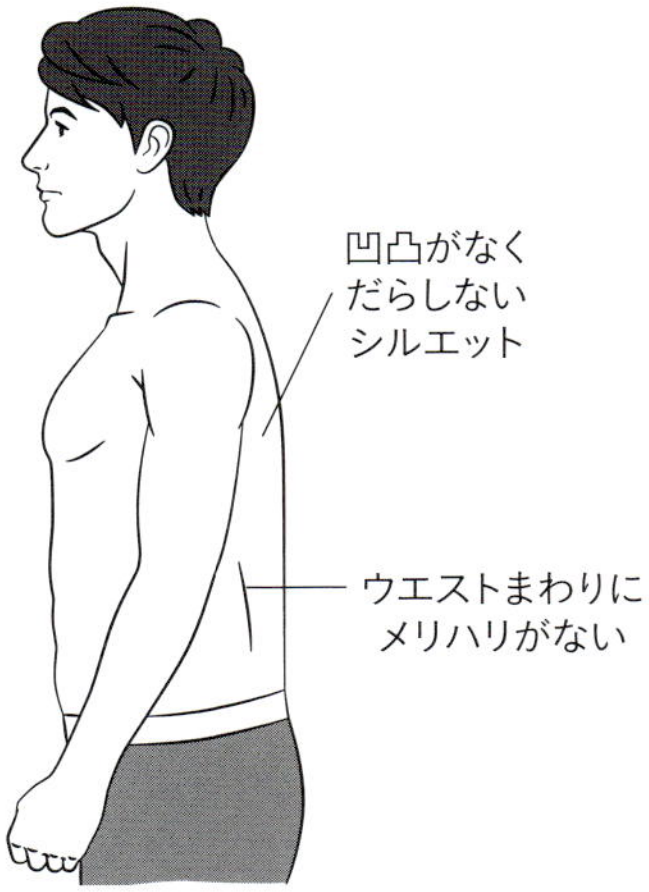

Side

脊柱起立筋が過剰に鍛えられると、ウエスト部分が盛り上がってのっぺりとしたシルエットに。どれだけダイエットしてもずん胴に見えてしまいます。

モテる筋肉3

広背筋 Method 1

ダンベルプルオーバー

背中に広がりを持たせられるダンベルメニュー。両手で行うにはかなりの集中力が必要とされるので、まずは片手からトライしましょう。

フレックスポイント
（この部分の筋肉を
完全収縮するよう意識）

動かす方向

1 仰向けになり膝を立てる ダンベルを持った右手を頭方向へ

背中の下にヨガマットを丸めたもの、ストレッチポール、小さめの枕やクッションなどを敷き、立て膝で仰向けになる。おしりは丸めたヨガマット等には乗せず、床に下ろす。右手でダンベルを引っかけるように持ったら、頭の方向に腕をまっすぐ上げる。

② 左指先を広背筋に当てて力を入れる

左手の指先で脇の下から広背筋を触ったら、広背筋にぐっと力を入れる。

③ 70度の位置まで腕を上げる

広背筋を縦方向に収縮させながら、床から70度あたりの位置まで腕を上げる。垂直まで上げないのがポイント。広背筋が最大限にかたくなっているのが左手の指先で確認できたら、力を抜きながら右手を元の位置に戻す。②と③を繰り返し行う。

左右それぞれ
10回×3セット

効果アップポイントをCheck!

効果を高めるポイント

Check! 1

ひじはしっかり伸ばす

頭方向に腕を上げた際にひじを曲げると、上腕に負荷が逃げてしまい、広背筋がまったく使えません。

2 Check!

腕を足側に倒しすぎない

上げた腕を足側に倒しすぎてしまうと、広背筋ではなく僧帽筋を刺激してしまいます。垂直よりも少し手前にとどめるのがベスト。

1 両手で行う場合は各ダンベルの外側のみ床につける

慣れたら両手で行う。腕を頭方向に上げた際は、どちらのダンベルも外側だけを床につける。「広背筋が縮まったから腕が上がる」という意識を常に持つこと。

2 腕を回してハの字にする

床と垂直の少し手前位置まで腕を上げたら、自分から見てダンベルがハの字になるように腕を内側に軽く回し、広背筋をさらにギュッとかたくする。逆ハの字にすると腕に負荷がかかってしまうので避ける。

モテる筋肉3

広背筋 Method 2

ダンベルロウ

厚みのある男らしい背中をつくる最強メニュー。基本姿勢の3つのポイントを押さえながら行えば、広背筋をダイレクトに刺激できます。

1 両手でダンベルを持って膝を曲げる 上体を45度まで倒す

両手でダンベルを持ったら膝を軽く曲げ、上体を床と45度になるまで倒す。重心はつま先に置き、膝を少しだけ内股にする。骨盤を前傾させておしりを突き出したら、ななめ上から胸の真ん中を引っぱられているイメージで胸を張る。

2 広背筋をフレックスさせながら両ひじを後ろに引き上げる

広背筋をギュッと収縮させながら両ひじを後ろに引き、ダンベルを引き上げる。ひじを曲げると同時に、胸を床方向に引き下げるとより効果的。広背筋を最大限までフレックスさせたら、力を抜きながら腕と胸を①のスタートポジションに戻す。

10回×3セット

効果アップポイントをCheck!

効果を高めるポイント

Check! 1 どんな体勢でも胸をしっかり張る

猫背のまま行うと上腕二頭筋や僧帽筋に負荷が逃げてしまいます。どうしても背中が丸まってしまう人は、かかと重心になっていないか確認してください。ダンベルを持ち上げる際には、反動で体が起きないように注意。

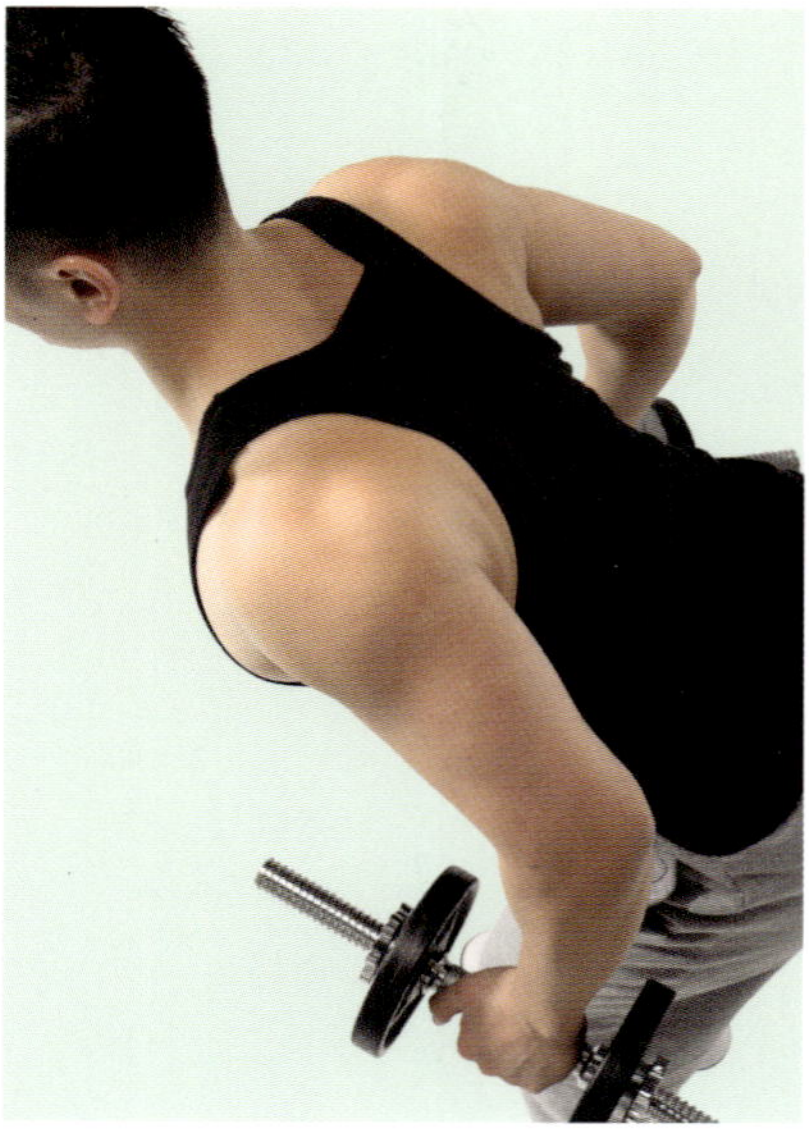

2 Check! ひじをできるだけ後ろに引く

フレックスポイントでは、ひじをしっかり後ろに引くのがポイント。ひじが上体よりも高い位置まで上がっているか、常にチェックしてください。ひじ同士を体の後ろで近づけるイメージを持つといいでしょう。

1 ヘビーウエイトの場合は片手で行う

筋力がついたらウエイトを重くして、片手で行う。ダンベルを持って立ったら、ダンベルを持った手とは逆側の足を1歩前に出して軽く曲げ、上体を45度まで倒す。ダンベルを持っていない手はふとももに置く。重心はつま先に置き、骨盤を前傾させておしりを突き出す。

2 肩甲骨を背骨に寄せると効果的

背中を反らしてしっかり胸を張ったら、ひじを後ろに引く。肩甲骨を背骨に強く寄せながら、広背筋をフレックスさせるスピードを上げると効果的。左右それぞれ行う。

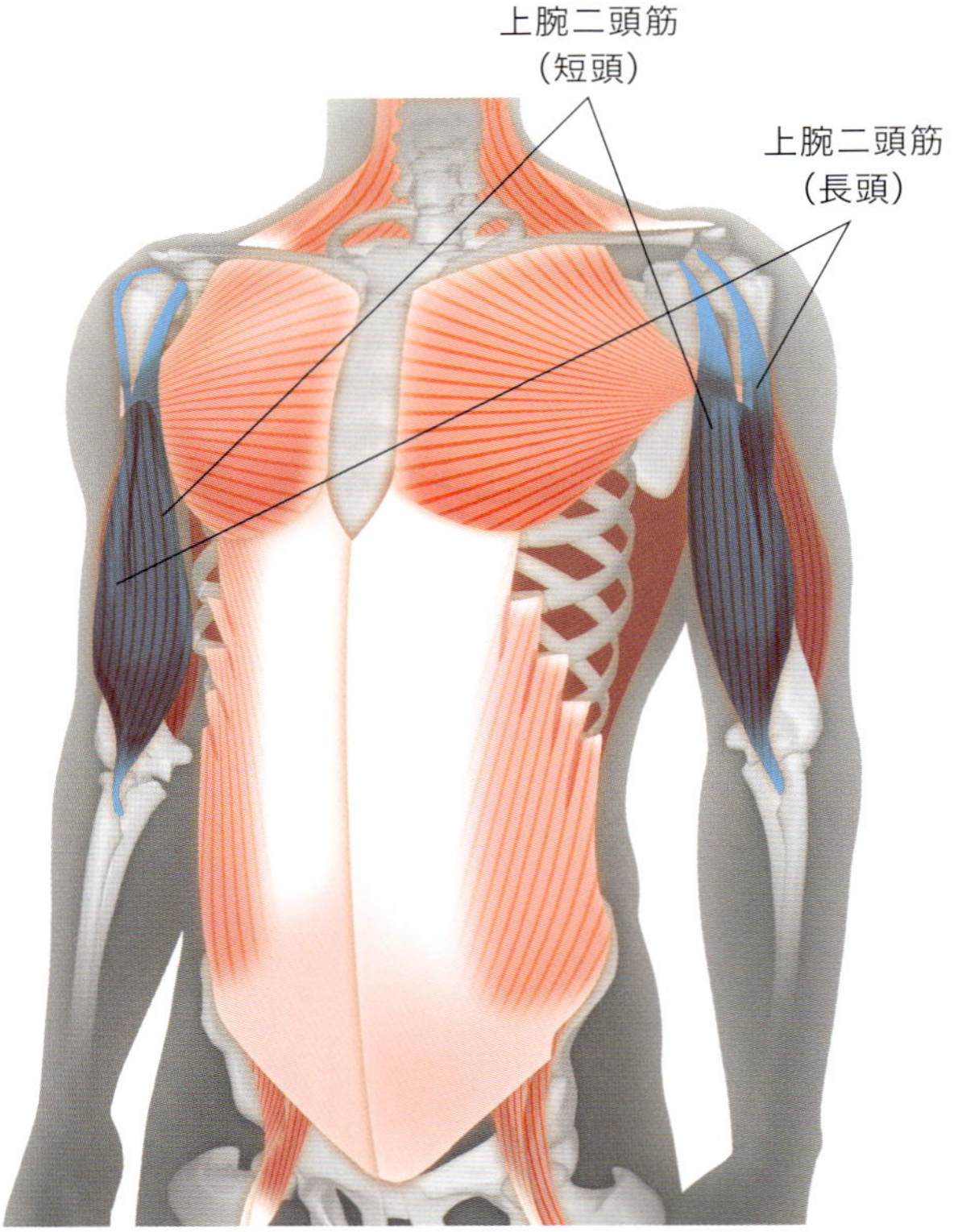

モテる筋肉4

腕・前面（上腕二頭筋）

こんな人にオススメ！

筋肉がついていることをアピールしたい
インスタ映えする筋肉をつけたい
Tシャツをカッコよく着こなしたい

見せ筋第1位は男の象徴である「力こぶ」！

日本人が筋肉と聞いて、まず思い浮かべるのが力こぶにあたる上腕二頭筋です。たくましい上腕二頭筋は、まさに力強さの象徴と言えるでしょう。服を脱がなくても見える位置にあり、少し厚みが出るだけで見た目の印象がガラリと変わるため、周囲にアピールしたい人には鍛えるのに打ってつけです。

　この部位は体積が小さいことから、思っているよりもはるかに早く結果を出せます。一部位でも体が変われば大きな自信につながりますので、ワークアウトのモチベーションを高めたい人はここから始めてください。

モテる上腕二頭筋

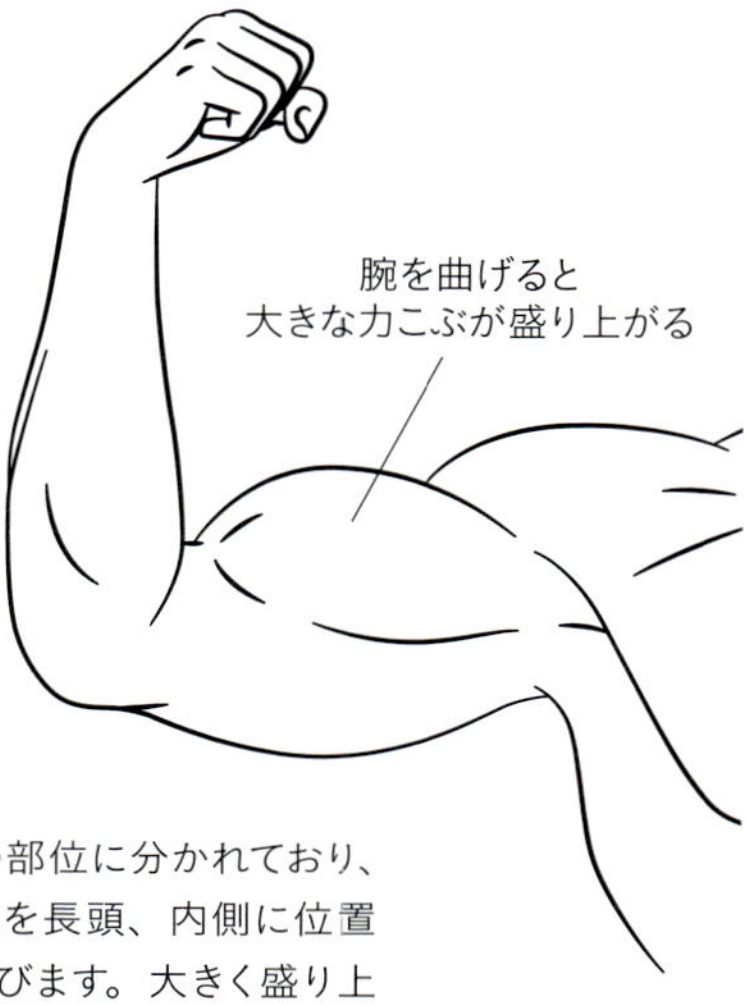

上腕二頭筋は２つの部位に分かれており、外側に位置する部位を長頭、内側に位置する部位を短頭と呼びます。大きく盛り上がった力こぶをつくるには、内側の短頭を鍛える必要があります。

モテない上腕二頭筋

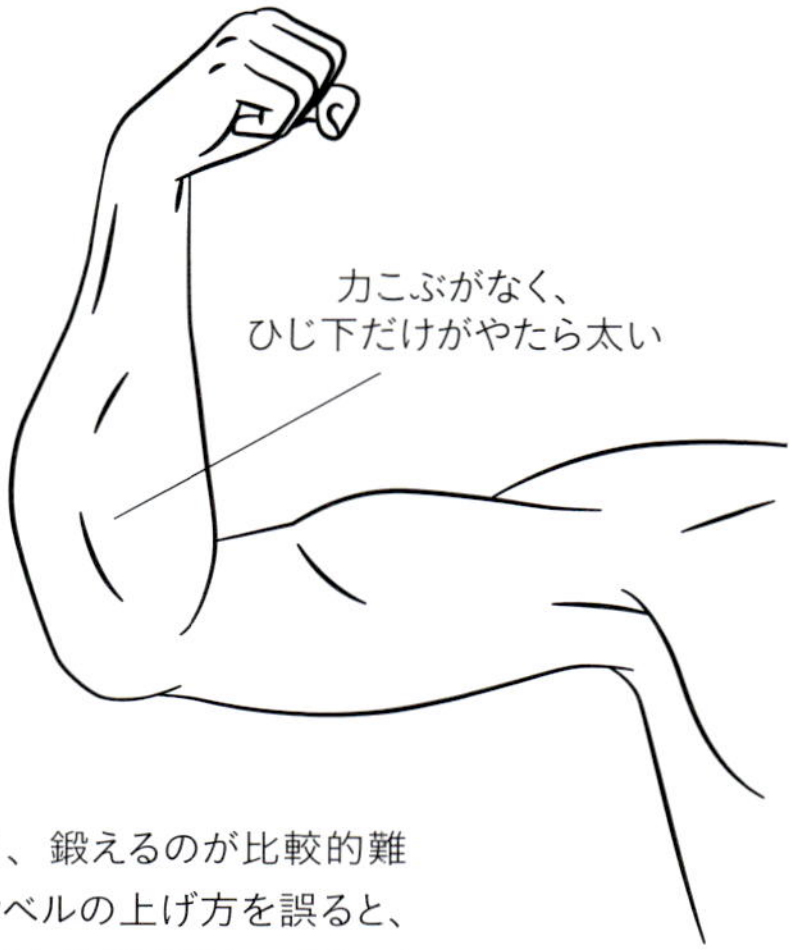

短頭は意識しづらく、鍛えるのが比較的難しい部位です。ダンベルの上げ方を誤ると、ひじ下にある前腕ばかりが発達し、アンバランスなシルエットになってしまいます。

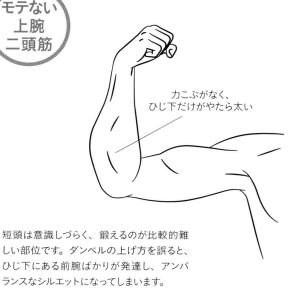

モテる筋肉4

上腕二頭筋 Method 1

ダンベルカール

誰もが一度は挑戦したことがあるメジャーなワークアウト。重さにとらわれず、まずは短頭を刺激する正しいフォームをマスターしましょう。

フレックスポイント（この部分の筋肉を完全収縮するよう意識）

動かす方向

1 右手でダンベルを軽く握る

右手でダンベルを持つ。ギュッと握らず、軽く指を添える程度に。

2 フレックスさせながらひじを曲げる手首をしっかり反らす

上腕二頭筋の内側に力を入れながら、ひじを曲げてダンベルを持ち上げていく。手首は巻き込まず、しっかり反らす。この時、力こぶが盛り上がっているか確認する。

③ 前腕を軽く外側にひねって手のひらの付け根と肩を近づける

ダンベルを持ち上げていく過程で前腕を軽く外側にひねる。フィニッシュポジションでは、手のひらの付け根（小指側）と肩を近づけるイメージ。力を抜きながら①のスタートポジションに戻ったら、同じ動きを繰り返す。

左右それぞれ
10回×3セット

効果アップポイントをCheck!

モテる筋肉4
上腕二頭筋
Method
1

効果を高めるポイント

Check! 1 手首を内側に巻き込まない

手のひらは常に上に向けておくのがポイント。手首を内側に倒してしまうと、前腕だけに負荷がかかってしまい、短頭がまったく発達しません。

2 Check! ひじを伸ばした時は力を抜く

スタートポジションのひじを伸ばした体勢では、思いっきり力を抜いてください。力の入れ方に強弱をつけることで、フレックス時にさらに強い力を発揮できます。

モテる筋肉4

上腕二頭筋

Method 1

ステップアップメソッド

1 右手にダンベルを持って足を広げる 上体を倒して左手を左膝に置く 右ひじを右膝の内側につける

パンプアップで取り入れる場合は、コンセントレーションカールも効果的。右手に軽めのダンベルを持ち、足を大きく広げて立ったら、膝を軽く内側に曲げて上体を倒す。重心はつま先に置く。骨盤を前傾させておしりを突き出し、胸を張ったら、右ひじを右膝の内側につける。左手は左膝に軽く置く。

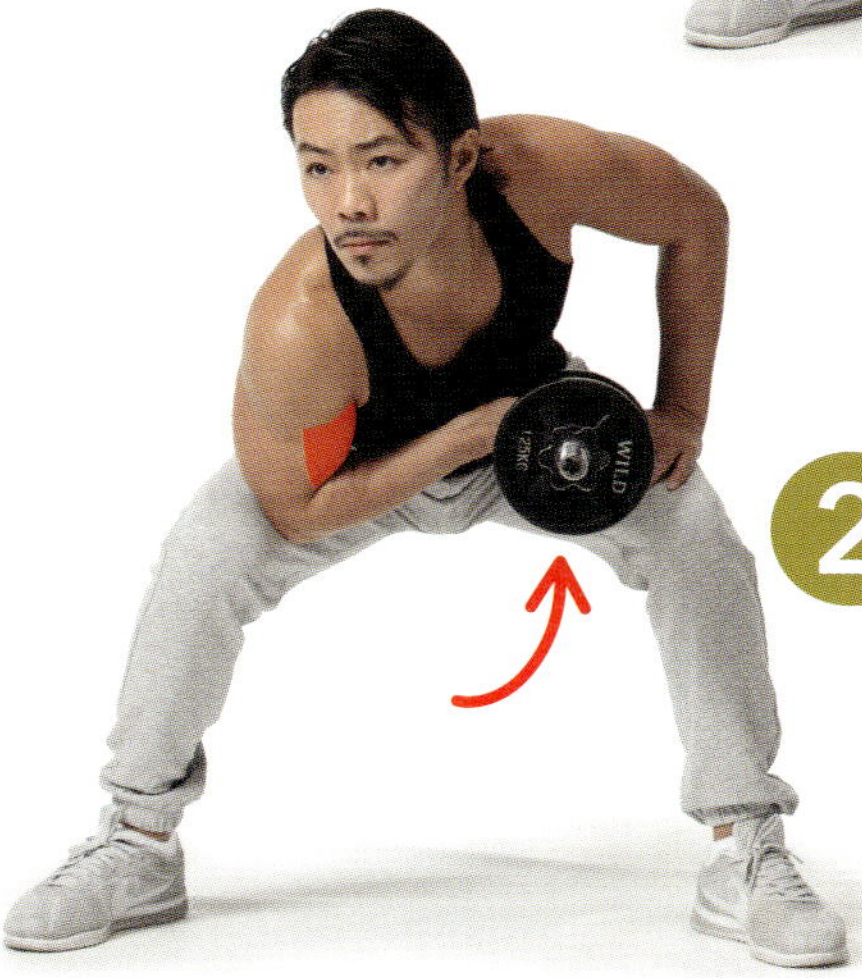

2 ひじから下だけを動かして 手のひらの付け根を胸につける

上腕二頭筋をフレックスさせながらひじから下だけを動かし、ダンベルを持ち上げる。フィニッシュポジションでは、手のひらの付け根（小指側）を胸につける。ダンベルカールの時と同じく、手首は内側に巻き込まない。力を抜きながら①まで戻したら、この動きを左右それぞれ10回×3セット行う。

体を回転させた反動を利用して持ち上げない。

モテる筋肉4

上腕二頭筋 Method 2

21カール

可動域を3つに分けることで上部から下部までまんべんなく刺激します。ダンベルカールでバルクアップした後に、パンプアップで取り入れます。

1 両手にダンベルを持って基本姿勢で立つ

両手に軽めのダンベルを持ち、つま先重心、骨盤前傾、胸を張る基本姿勢で立つ。

2 中間ポジションまで上げる

中間ポジションまでダンベルを上げる。ダンベルは軽く握り、手首を反らすこと。猫背にならないように注意。再びスタートポジションに戻ったら、この動きをできるだけ速く計7回繰り返す。

❸ 中間ポジションで構える

中間ポジションでひじを伸ばして構える。つま先重心、骨盤前傾、胸を張る基本姿勢を崩さない。

❹ 顔の高さまで上げる

ひじから下だけを動かしてダンベルを顔の高さまで上げる。ひじを曲げると同時に、上体を少し前に倒す。③の中間ポジションまで戻ったら、同じ動きを高速で計７回。

❺ スタートポジションで構える

再び①のスタートポジションで構える。

❻ フィニッシュポジションまで一気に引き上げる

④のフィニッシュポジションまでダンベルを一気に上げると同時に、上体を軽く前に倒す。手首を内側に巻き込まないように注意。スタートポジションに戻ったら、同じ動きを高速で計7回繰り返して終了。

3セット

効果アップ
ポイントをCheck!

効果を高めるポイント

Check! 1 ダンベルを強く握らない

ひじを曲げる際には、ダンベルを手のひらに軽くのせるイメージを持ちましょう。こうすることで前腕に余計な負荷がかかりません。

Check! 2 高速でフレックスさせて計45秒以内に収める

長時間かけてゆっくり行うと、遅筋を鍛える有酸素運動になってしまいます。軽めのダンベルをできるだけ速く動かすことで、筋肉をパンパンに張らせることができます。

1 右手でダンベルを持ち基本姿勢で立つ

上腕の横幅を広くしたい人は、上腕二頭筋よりさらに深層にある上腕筋を刺激するハンマーカールを行う。右手でダンベルを持ち、つま先重心、骨盤前傾、胸を張る基本姿勢で立ったら、脇を少し開く。ダンベルは主に親指と人差し指で、上部を引っかけるように持つ。

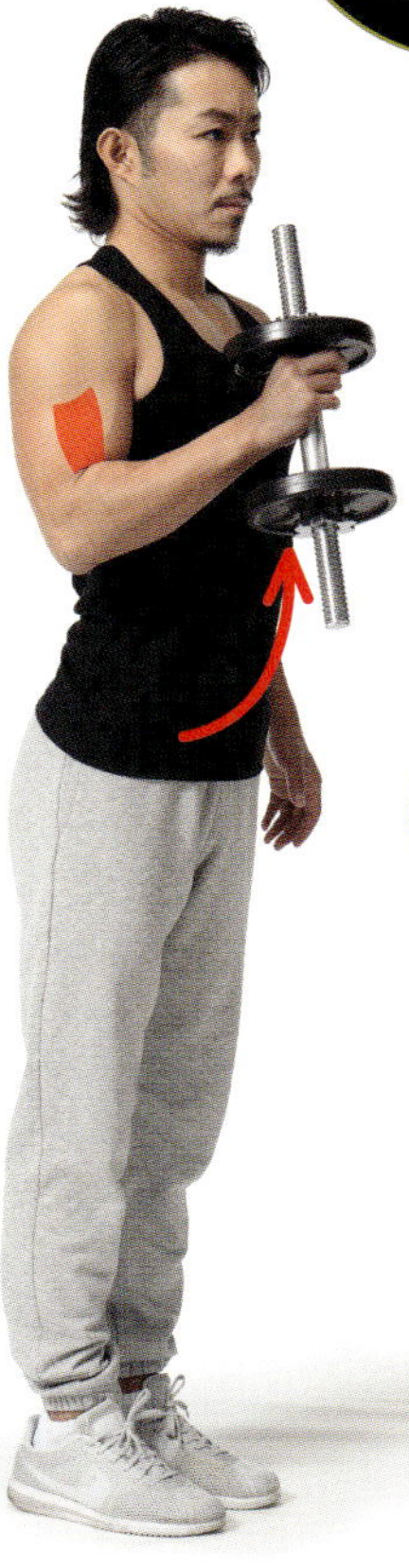

2 ひじを90度まで曲げる

手のひらを自分に向けた状態で上腕二頭筋をフレックスさせながら、ひじを90度まで曲げる。力を抜きながらスタートポジションまで戻ったら、この動きを左右それぞれ10回×3セット行う。

モテる筋肉 5

腕・背面（上腕三頭筋）

こんな人にオススメ！

- 二の腕の振り袖肉をなくしたい
- どの角度から見てもカッコいい腕を手に入れたい
- 腕の瞬発力が必要なスポーツをしている

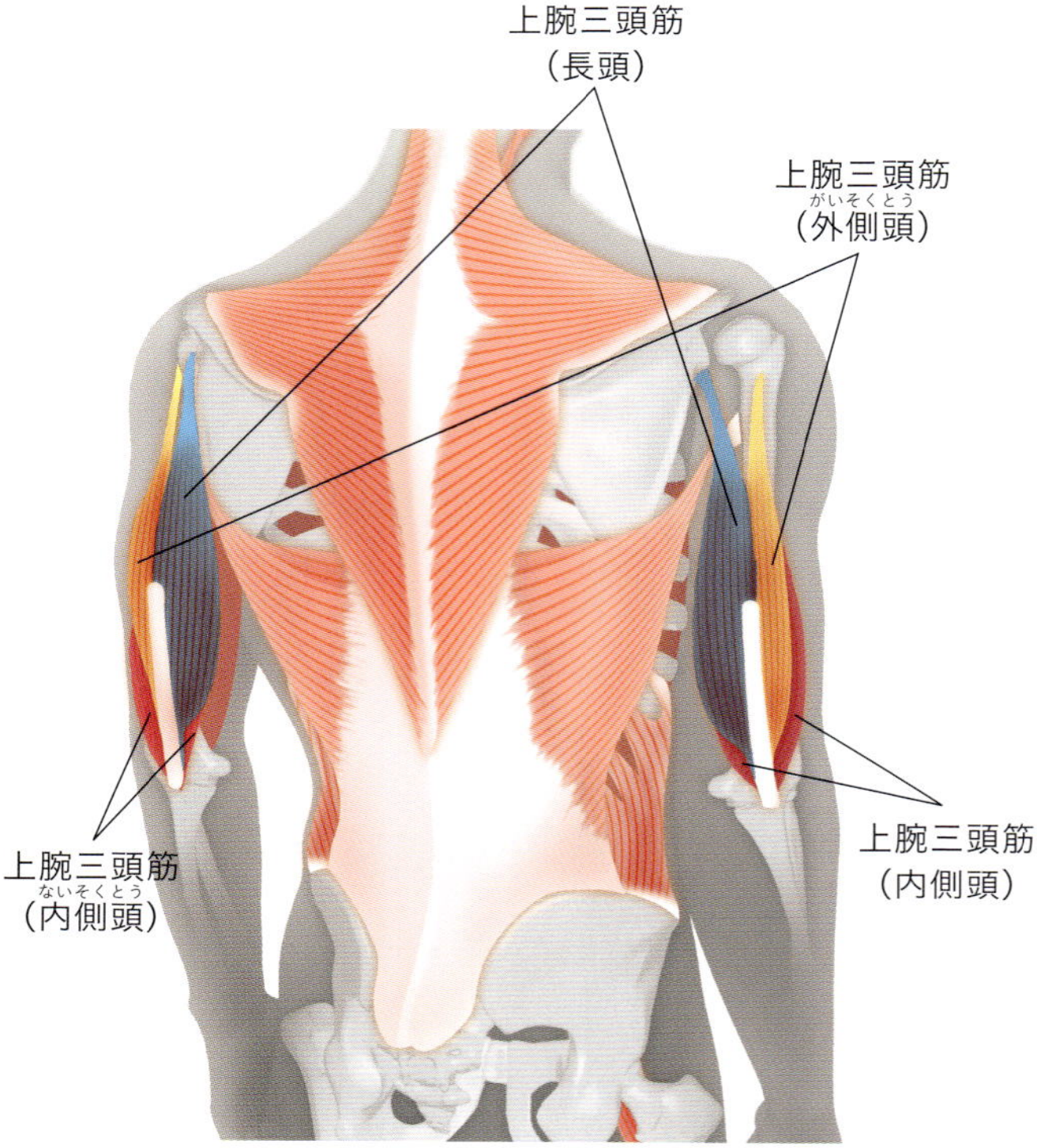

たくましい腕を手に入れる近道は上腕三頭筋にあり！

「上腕二頭筋さえ鍛えれば腕は太くなる」と考えている人が多いですが、プロのボディビルダーはその背面にある上腕三頭筋のワークアウトも欠かしません。ここに厚みがつくと腕を下ろした状態でも太さが出ますし、横や後ろから見た時のシルエットが断然男らしくなります。同時に、二の腕のたるみも解消でき、瞬発力も上がります。

　上腕三頭筋は腕を下ろした際に内側にある「長頭」と、外側にある「外側頭」と「内側頭」の３部位に分かれていますが、美しい丸みを持たせるためにはこれらすべてをバランスよく鍛える必要があります。

モテる上腕三頭筋

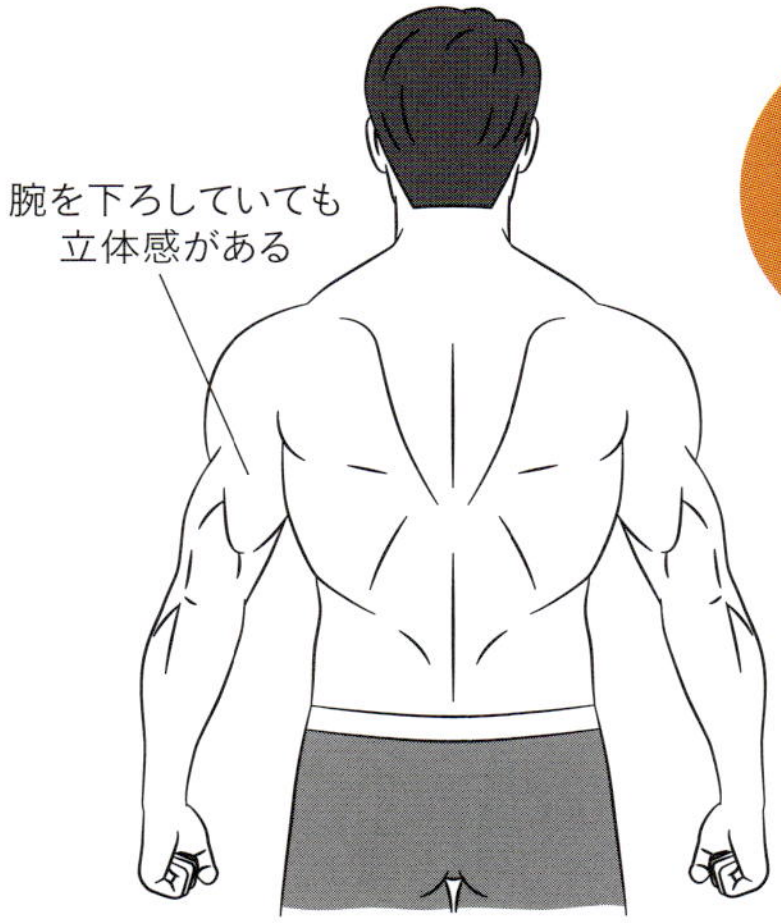

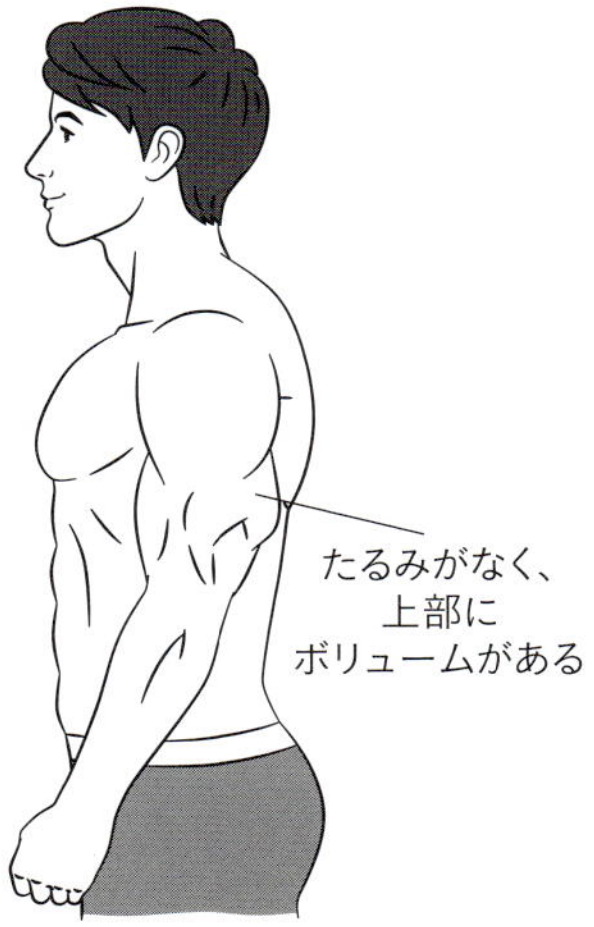

Back

たるみがなく、丸く盛り上がった筋肉がついているのが理想。ここに厚みがあると肩とのセパレーションも際立ちます。

Side

肩の三角筋との間にくびれが生まれ、横から見た時のたくましさもぐっとアップ。

モテない上腕三頭筋

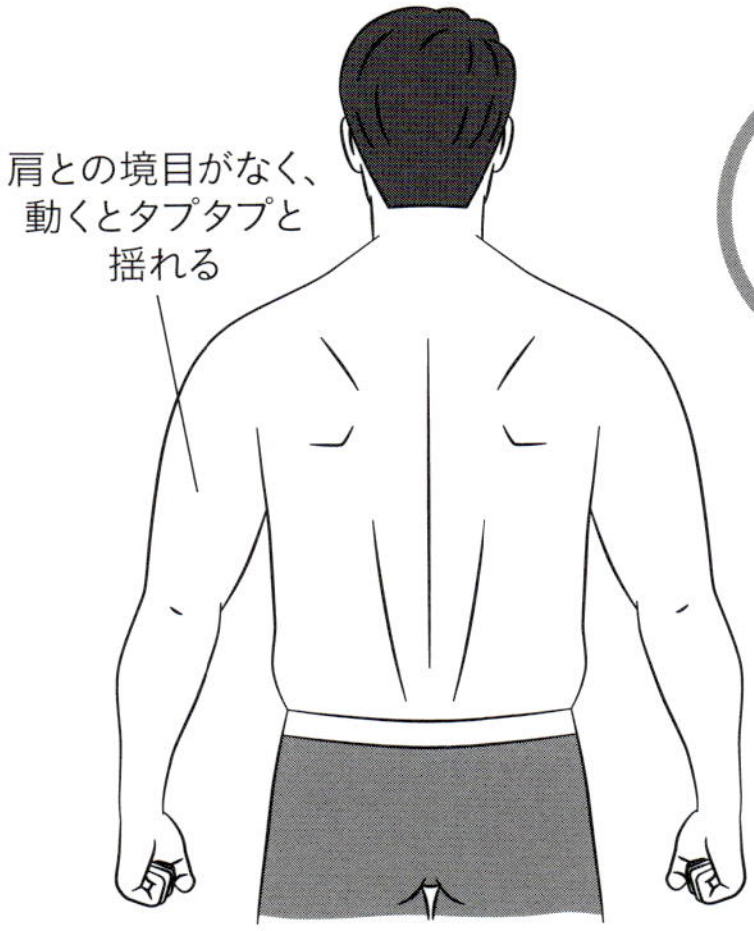

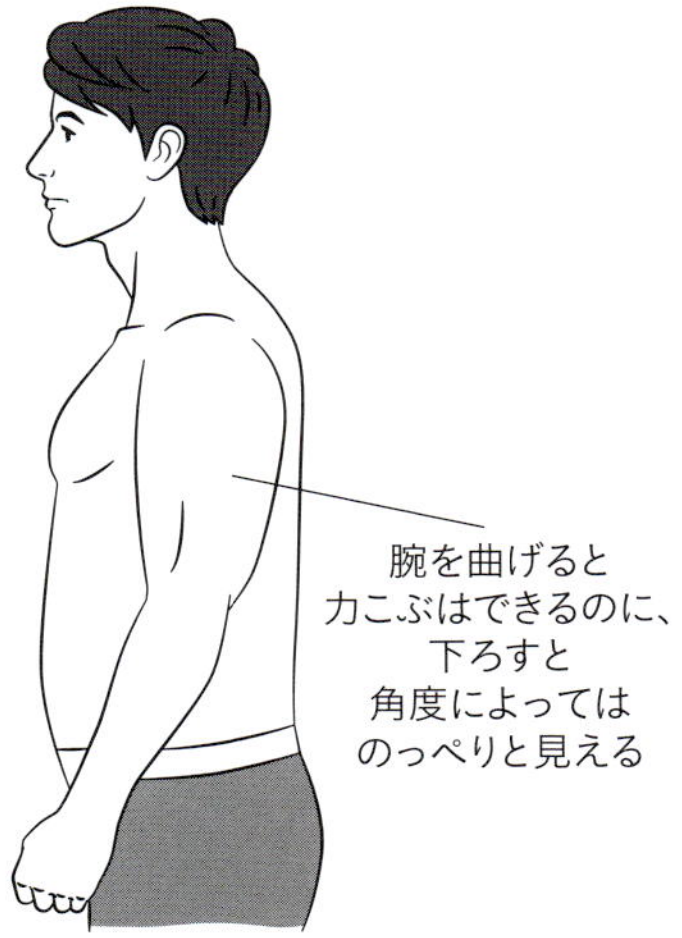

Back

日本人はスポーツをする際に「脇を閉めろ」という教育を受けているため、上腕三頭筋が貧弱な人が多いです。

Side

前から腕を見ると太いのに、横や後ろから見ると一気に貧弱に映る人は、上腕三頭筋が衰えている可能性が高いです。

モテる筋肉5

上腕三頭筋 Method 1

ワンハンドダンベルキック

アプローチしにくい上腕三頭筋を重点的に狙ったメニュー。反動を使わず、上腕三頭筋だけの力でダンベルを持ち上げるのがポイントです。

フレックスポイント
（この部分の筋肉を完全収縮するよう意識）

動かす方向

1 右手でダンベルを持つ 左足を前に出して上体を倒す

右手でダンベルを持って立ったら、左足を1歩前に出して軽く膝を曲げ、上体を45度まで倒す。重心はつま先に置き、骨盤を前傾させておしりを突き出す。背中を反らせてしっかり胸を張ったら、腕を後ろに伸ばし、肩の高さまで上げる。ダンベルは小指にひっかけるイメージで軽く握る。

② ひじを90度まで曲げる

ひじから上を固定したまま、ひじの角度が90度になるように曲げる。

③ 腕をスタートポジションに戻す

ひじから上を固定したまま、ひじをまっすぐに伸ばす。伸ばした際は手首をしっかり反らし、上腕三頭筋をギュッと収縮させる。力を抜きながら②のポジションに戻ったら、②と③の動きを繰り返す。

左右それぞれ
10回×3セット

効果アップポイントをCheck!

モテる筋肉5
上腕三頭筋
Method
1

効果を高めるポイント

Check! 1 ひじをしっかり伸ばす

フレックスさせる際には、これ以上無理だというところまでしっかりひじを伸ばしましょう。こうすることで上腕三頭筋に大きな負荷をかけることができます。

2 Check! ひじが下がらないように注意

ひじを曲げる勢いで、固定したひじの位置を下げてしまわないように気をつけます。ひじを伸ばす際も、ひじから上をしっかり固定すると同時に、反動で上体がツイストしないように注意しましょう。

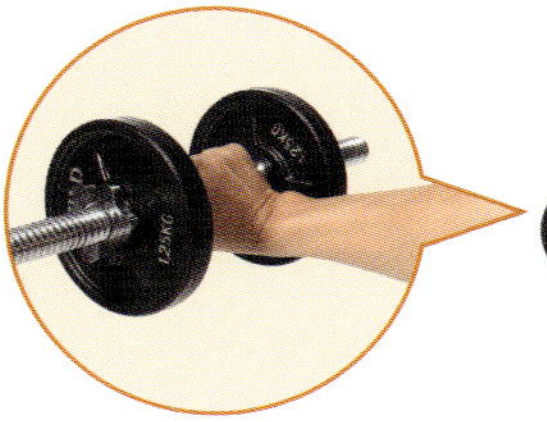

1

右手でダンベルを持って構える 腕を肩の高さまで真横に上げる

ワンハンドダンベルキックバックオープンニーを取り入れると、上腕三頭筋の外側の張り出しがよくなる。右手でダンベルを持ち、78ページと同じ体勢で構えたら、腕を肩の高さまで真横に上げる。手首は天井に向かって反らす。つま先重心、骨盤前傾、胸を張るという3点を忘れずに。

2

ひじを90度まで曲げる

ひじから上は固定したまま、ひじの角度が90度になるように曲げる。

3

腕をスタートポジションに戻す

ひじから上を固定したまま、ひじをまっすぐに伸ばす。手首はしっかり反らし、上腕三頭筋がかたくなっているか確認する。この時、ダンベルを持った手を少し傾けて親指側を高めにすると、上腕三頭筋により負荷がかかる。力を抜きながら②まで戻ったら、②と③の動きを左右それぞれ10回×3セット繰り返す。

モテる筋肉5

上腕三頭筋 Method 2

ダンベルフレンチプレス

上腕三頭筋を効率よく追い込めるスタンダードメニュー。頭の後方でダンベルを上げ下げする動きなので、比較的省スペースで行えます。

1 両指を絡ませてダンベルを持つ

両指を交差させ、親指と人差し指の付け根にダンベルを引っかけるように持つ。足は肩幅に開く。

2 両手を頭の後方に伸ばす

つま先重心、骨盤前傾、胸を張った基本姿勢で立ったら、ダンベルを持った両手を返して頭の後方に伸ばす。この時、ひじの関節を痛めないように、ひじを伸ばしきる少し手前の状態を保つ。

3 ダンベルをまっすぐ下ろす

息を吸いながら、ダンベルをまっすぐ下ろしていく。

4 再びダンベルを引き上げる

一番下まできたら、②のスタートポジションまでダンベルを引き上げる。常に上腕三頭筋の伸縮に意識を置き、猫背にならないように注意。②と③の動きを繰り返す。

10回×3セット

効果アップポイントをCheck!

モテる筋肉5
上腕三頭筋
Method 2

効果を高めるポイント

Check! 1 限界までダンベルをしっかり下ろす

スピードを重視するあまり、ダンベルを下ろしきらないうちにひじを伸ばしてしまうのはNG。上腕三頭筋を最大限まで引き伸ばす意識を持ちます。

Check! 2 頭上ではひじに余裕を持たせる

ひじを伸ばしきってロックしてしまうと、負荷が逃げてしまうばかりか、ひじ関節のケガにつながることも。伸ばしきる一歩手前でとどめましょう。

モテる筋肉5
上腕三頭筋
Method 2

ステップアップメソッド

ヘビーウエイトなら
座って&補助つきが鉄則

ヘビーウエイトで行う場合は、腰を痛めるおそれがあるため、スタンディングでは行わないこと。かならずフラットベンチに座り、補助をつけて行う。補助者はベンチに片足をつき、トレーニーの背中をひざで支える。

モテる筋肉 6

腹（腹直筋）

こんな人にオススメ！

- たるみきったウエストを引き締めたい
- ぽっこり出たメタボ腹を解消したい
- 姿勢や筋力低下による腰痛に悩んでいる

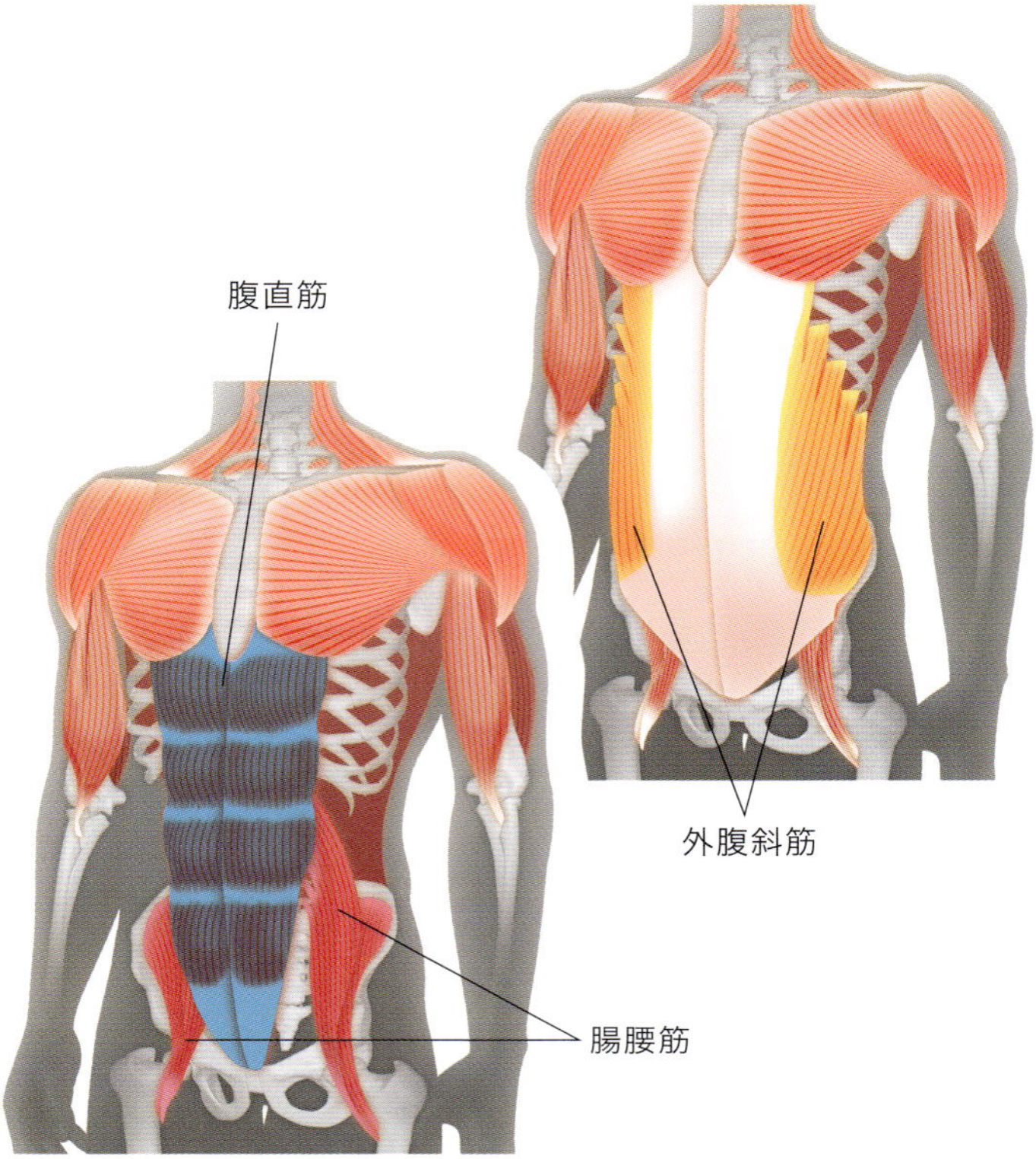

意外と知らない新事実！ 腹筋運動で腹は凹まない

腹を凹ませるためには、表面にある「腹直筋」を鍛える必要がありますが、一般的な腹筋運動で刺激されるのは、腰から脚の付け根に付着する腸腰筋です。よって、どれだけ行っても腹は凹みません。

ウエイトを持ち上げる際には意識せずとも常に腹直筋を使っていますから、他の部位を鍛えるワークアウトを行っているならば、腹筋群に特化した運動を取り入れる必要はありません。人目につく腕や胸を鍛えているうちに腹も凹んできますし、腹圧が高まって姿勢が整い、腰痛も改善されます。これからご紹介するワークアウトはあくまでも補助的に行ってください。

モテる腹直筋

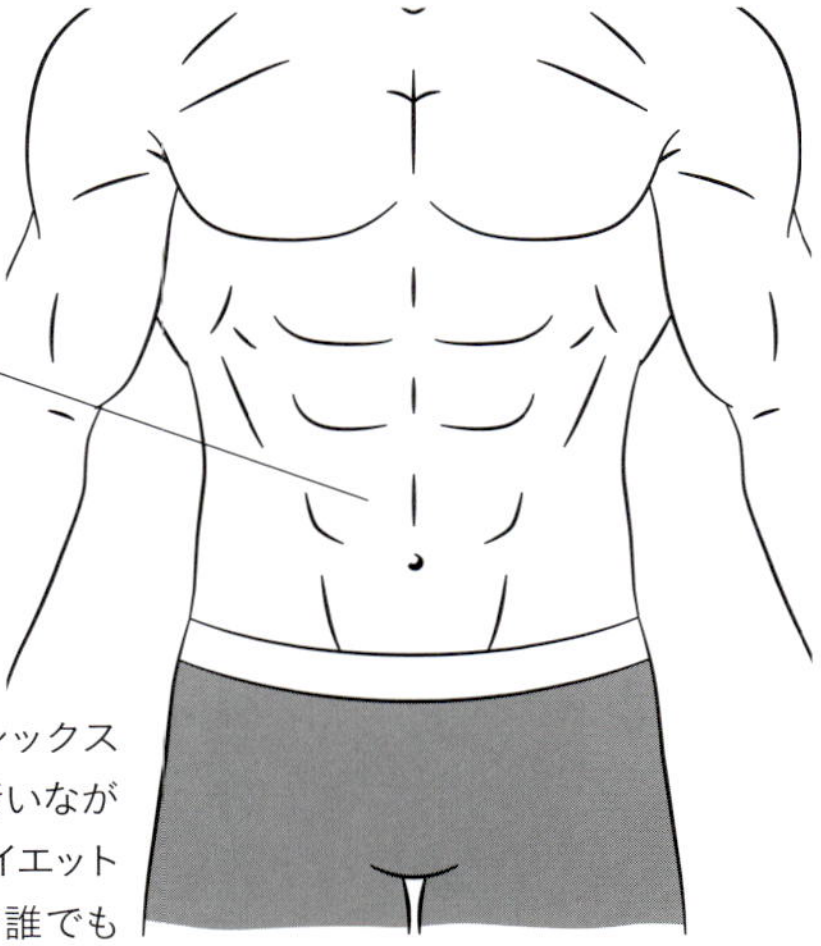
きれいに縦ラインと
横ラインが入っており、
腹直筋がくっきり浮き出ている

理想的な肉体のシンボルでもあるシックスパック。他の部位のワークアウトを行いながら、ケトジェニック（糖質制限）ダイエットで余分な脂肪を落とせば、3ヵ月で誰でも手に入れられます。

モテない腹直筋

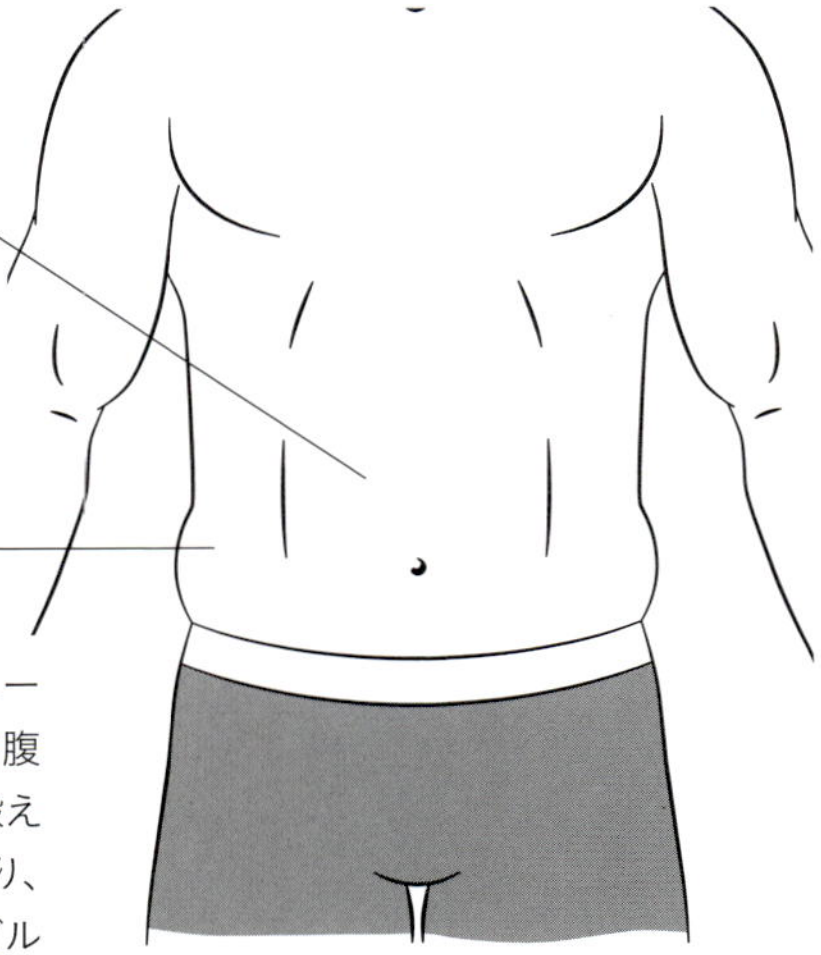
脂肪がのっていて
腹直筋が見えない
外腹斜筋がうきわのように
発達していてメリハリがない

ジムのトレーナーがウエストを絞るメニューとしてすすめる「サイドベント」という脇腹のトレーニングは、外腹斜筋の下部を鍛えるもの。行えば行うほどウエストが太くなり、ずん胴体型になってしまうので、ボディビルダーは絶対に行いません。

モテる筋肉6

腹直筋 Method 1

プランク

「板」という名の通り、体をまっすぐに保ちます。プロのボディビルダーは、コンテスト前の最終調整にこのメニューを取り入れています。

フレックスポイント（この部分の筋肉を完全収縮するよう意識）

動かす方向

1 ひじとつま先、膝をついてうつぶせになる

ひじとつま先、膝をついて床にうつぶせになる。ひじは肩の真下に置き、両手を組んでハの字にする。ひじが痛い場合は薄手の枕やクッション、ヨガマット等を敷く。

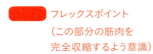

② 体を一直線にして 30秒～1分間

腹とお尻に力を入れて体を一直線にしたら、30秒～1分間キープする。顔は正面を向いて、首を長く保つ。息は、ふーっと少しずつ吐く。

1回×3セット

効果アップポイントをCheck!

モテる筋肉6

腹直筋 Method 1

効果を高めるポイント

Check! 1 背中やおしりを上げ下げしない

その名の通り、体をまっすぐに保つのがポイント。背中やおしりの位置が高くても、逆に低くても、別の部位に負荷が逃げてしまいます。

Check! 2 肩が上がらないように注意する

簡単そうに見えてかなりの筋力が必要とされるため、時間が経つとポーズが崩れやすくなります。肩が上がると僧帽筋まで刺激してしまうので要注意。

1 プランクの フィニッシュポジションを取る

プランクをマスターしたら、アクティブプランクにチャレンジ。まずはプランクのフィニッシュポジションを取る。

2 腕の間から おへそをのぞき込む

腕の間から自分のおへそをのぞき込む動きを 10 回× 3 セット繰り返す。この時、腰が上がりすぎないように注意する。体をまっすぐ伸ばすと同時に、顔も①のポジションまで戻すこと。

腰を上げすぎない。

モテる筋肉6

腹直筋
Method
2

クランチ

一般的な腹筋運動と似た動きですが、上体を起こしすぎないのが最重要ポイント。こうすることで縦に長い腹直筋がしっかり伸縮します。

1 仰向けになって膝を立てる 骨盤を前傾させて腹を凹ませる

立て膝で仰向けになる。重心はつま先に置き、膝は閉じる。胸を張って腕を首の後ろで組んだら、骨盤を前傾させ、息を思いきり吸い込んで腹を凹ませる。

2 息を吐きながら おへそをのぞき込む

ふーっと息を吐きながらおへそをのぞき込む。この時、肩甲骨を床から離さないこと。ひじ同士をくっつけるイメージで体全体を丸めると、腹直筋がしっかりフレックスする。力を抜きながら①に戻ったら、この動きを繰り返す。

10回×3セット

効果アップポイントをCheck!

効果を高めるポイント

Check! 1 上体を完全に起こさない

一般的な腹筋運動のように上体を完全に起こしてしまうと、腹直筋でなく腸腰筋が使われてしまいます。肩甲骨を常に床から離さないで行うのがポイント。

Check! 2 重心と膝を常にチェック

起き上がる際も、重心はつま先に置いたまま。骨盤が前傾しているか、膝が離れていないかもあわせてチェックしてください。

1 スティックを使う

スティック状のもの使用すると、よりフレックスの意識が高まる。この時も床から肩甲骨を離さないこと。

2 ななめに起き上がる動きを加える

ななめ方向に起き上がる動きを左右それぞれ取り入れると、腹直筋全体をまんべんなく刺激できる。ななめに起き上がる際は、右手と左膝、左手と右膝が対角線上にあるか確認する。

ガリガリ男子も あっという間に ムキムキに変身！

Column 2

　この本のモデルを務めてくれた小原さん（23歳）と飯田さん（40歳）は、普段から私のワークアウトメソッドを実践しているため、つくべきところに筋肉がついたたくましいボディラインをお持ちです。しかし話を聞くと、以前はどれだけ食べても太れない「ガリガリのやせ体質」だったというから驚きです。

　当時のトレーニング方法を聞いて、おふたりに共通していたのが「長時間トレーニングをしていた」ことでした。小原さんは、多い時では毎日3時間以上も無酸素運動をしていたそうです。休息が必要なタンパク質の合成中も筋肉に刺激を与えていては、筋肥大するはずもありません。

　飯田さんが筋トレを始めた当初は、加齢による体質変化で標準以上まで体重はあったそうですが、間違った長時間トレーニングが原因で一時期は元のやせすぎ体型にまで戻ってしまったそうです。これではいけないとワークアウトを短時間にとどめると同時に、食事をケトジェニック（糖質制限）に変えたところ、余分な脂肪はつかずに筋肉量がぐっと増え、憧れの筋肉質な体が手に入りました。

　体質的にやせ型の人でも正しい方法でワークアウトすれば、かならずこのおふたりのような男らしい体型になれますので、あきらめずにトライしてみてください。

北島メソッドでこんなに変わった！

after

before

飯田多聞さん
（40歳）
165cm・53kg
→57kg

20代まではやせているのが悩みだったのに、35歳を過ぎた途端に体重が60kg近くまで急増し、腹まわりがブヨブヨに。体重はやせていた時とそれほど変わっていませんが、つけるべきところに筋肉をつけたことでボディラインが激変しました。ケトジェニックを始めてから肌が若返り、実年齢よりも若く見られるようになったのも自慢です。

after

before

小原徹也さん
（23歳）
173cm・46kg
→80kg

以前は部屋に引きこもりがちなゲーマーでしたが、ある日動画サイトでボディビルダーのワークアウト動画を見て衝撃を受け、肉体改造を決意。ワークアウトを始めてからハマったサプリメント研究が高じて大学では栄養学を専攻しました。現在は、本場アメリカのフィットネスコンテスト出場を目指してトレーニング中です。

CHAPTER 3

ワークアウトの効果が倍増！北島流食事術

ワークアウトと食事はセット

筋肉は「タンパク質」でできている

ワークアウトを行ったあとに欠かせないのが栄養補給です。一昔前までは「筋肉量を増やすには、とにかく食べろ」というのが定説だったため、今でも「やみくもに食べていたら、筋肉はつかずに体脂肪ばかりが増えてしまった」という失敗談をよく耳にします。**筋肉を育てたいならば、まずは「タンパク質」を積極的にとりましょう。**タンパク質は、内臓や脳など体のあらゆる組織をつくる材料で、大きく分けて肉類や魚類などの「動物性タンパク質」と、豆類などの「植物性タンパク質」の2種類がありますが、摂取後の生体利用率が高い動物性タンパク質を中心にとるのがいいでしょう。牛、豚、鶏などの肉類を中心に、できれば一日1食はオメガ3脂肪酸が豊富なまぐろや鮭などの魚介類を食べてください。

一方で、**炭水化物はできるだけ避けたい栄養素**です。炭水化物をはじめとした糖質からつくられるブドウ糖は、エネルギー源であると同時に、体内で余ると中性脂肪となってしまうため、とりすぎは禁物です。

　ボディラインをシャープに整えたい人は、ワークアウトを行って**筋肉がついてきたと実感できた段階で「ケトジェニックダイエット（糖質制限ダイエット）」を取り入れる**と、体脂肪を効率よく落とすことができます。これは、炭水化物をはじめとした糖質の摂取量を一日20g以下、かつ一食5g以下に抑えるという食事法で、フィットネスの世界では3大ダイエットのひとつと言われるほどになっています。

「糖質をとらないと体力が落ちるのでは」と心配する人もいますが、ケトジェニックダイエットを行うとブドウ糖と同じくエネルギー源となる「ケトン体」がつくられるため、ガス欠になる心配はありません。むしろ、ケトン体をエネルギー源とする「ケトン体体質」になれば、血糖値が安定し、食欲に振り回されたり集中力が低下したりすることもなくなります。

　トライするならば、まずは2週間だけ徹底的にケトジェニックダイエットを行ってみてください。その後は過剰にならない程度ならば糖質をとっても構いません。『出せる！魅せる！二の腕ワークアウト』にさらに詳しい解説がありますので、興味のある人は参考にしてください。

ケトジェニックダイエットのOK食材とNG食材

NG

そば、うどん、パスタ、ラーメン

カロリーは低くても栄養は
炭水化物がメイン。
おからとこんにゃくが主原料の
低糖質麺ならば食べてもOK。

一部の調味料

砂糖、はちみつ、
みりん、ソース、トマトケチャップ、
チリソースなどは高糖質。
ステーキは塩、こしょうで
食べるのが◎。

お米

主食であるご飯は糖質のかたまり。
玄米や発芽玄米、雑穀米など
低カロリーといわれている
米も避ける。

お菓子、ジャンクフード

どれも栄養価が低く、
ほぼ糖質しか含まれていない。
糖質だけ見ると、
実は洋菓子よりも
和菓子のほうが多い。

果物、フルーツジュース

どちらも果糖たっぷりなので
要注意。果物に含まれる
ビタミンなどの栄養素は
肉や魚からも摂取できる。

パン、コーンフレーク

小麦粉やとうもろこしで
つくられた主食も×。
ロカボパンでも5g以上の
糖質が含まれている場合が
あるので注意。

根菜類

じゃがいも、にんじん、
さつまいも、れんこんなど、
ホクホクしていたり
甘みが強かったりするものは
高糖質。

ココナッツオイル

ケトン体の原料となる中鎖脂肪酸が豊富。コーヒーに入れて食事の3～4時間前に飲めば食欲を抑えられる。

コーヒー、水、お茶、糖質ゼロのお酒

飲み物も糖質が含まれていないものが好ましい。飲酒している間はケトン体がつくられないので飲みすぎに注意。

大豆製品

豆腐、油揚げ、納豆、豆乳、おからなど。おからを加工した「おからパウダー」は小麦粉やパン粉の代わりに使える。

肉

牛肉、豚肉、鶏肉なんでもOK。ただし糖質たっぷりのソースには注意。焼き鳥はたれよりも塩を選ぶ。

くるみ

低糖質で、中性脂肪などを減らすオメガ3脂肪酸を多く含む。魚介類を食べられない日には積極的にとりたい。

アボカド

果物の中でもっとも低糖質で、「森のバター」と呼ばれる。ビタミンやミネラルが豊富で、美容や健康効果も絶大。

OK

卵

低糖質かつ栄養価が高い完全栄養食品。ゆで卵や目玉焼き、出し巻き卵などさまざまな調理法を楽しめる。

魚、貝類

刺身、焼き魚、カルパッチョ、アヒージョなどバリエーション豊富。ツナも安心して食べられる。

チーズ、バター、生クリーム

生クリームはかならず無糖のものを使用する。スターバックスやタリーズのホイップは無糖なのでとっても大丈夫。

マヨネーズ、塩、酢、しょうゆ

低脂肪タイプのマヨネーズにはかなりの砂糖が含まれているため、かならずレギュラータイプを選ぶこと。

葉物野菜、きのこ

レタス、キャベツ、白菜、ほうれんそう、春菊、水菜など。きのこは食物繊維が多く、便秘解消にも一役。

プロテインで賢く栄養を補給せよ

こまめな栄養補給でモテ筋肉を育てる

ワークアウト中にタンパク質が不足すると、「体が自らの細胞や筋肉を分解してエネルギーを得ている状態」である「カタボリック」に陥り、筋肉量がどんどん落ちてしまいます。これだけは絶対に避けなければいけません。

タンパク質は体内で貯蔵することができないため、一度に大量に摂取しても5〜6時間後には再び不足してしまうことから、**プロのボディビルダーは2〜4時間おきに一日6回の食事をとります。**これができれば理想的ですが、時間がないなどの理由で難しい場合は「プロテインパウダー」が強い味方になります。

プロテインには、大きく分類して「ソイプロテイン」「カゼインプロテイン」「ホエイプロテイン」の3種類があります。「ソイプロテイン」の原料は、その名の通り大豆です。消化吸収速度がゆっくりで満腹感が持続することや、価格が比較的安いのが特徴です。

次に「カゼインプロテイン」は牛乳を原料としており、生乳を構成するタンパク質の約80%を占めている「カゼイン」だけを抽出し

たものです。カゼインにはカルシウムと結合しやすい、高タンパクで栄養価が高い、体への吸収速度がゆっくりであるという特徴があります。

「ホエイプロテイン」の原料も、カゼインプロテインと同じく牛乳で、ヨーグルトなどの上澄み部分にあたる「ホエイ」に含まれるタンパク質だけを抽出しています。カゼインプロテインと大きく異なるのは、その吸収速度です。カゼインプロテインが完全に吸収されるまでに7〜8時間かかるのに対して、ホエイプロテインは1〜2時間で完全に消化・分解されます。

この中で**もっともおすすめなのは、吸収がスムーズなホエイプロテイン**です。中でも「WPI製法」でつくられたものは、カゼインプロテインに含まれている乳糖や乳脂肪分がほとんど含まれていないため、牛乳などに含まれる乳糖を分解することができない体質の人（牛乳を飲むと腹を壊す、ガスが出る、吐き気をもよおすなど）でも安心して飲むことができます。例えば水に溶かして、一回50g、日に6回とれば、ステーキ2kg分に相当するタンパク質がとれます。

プレワークアウトサプリを活用せよ

サプリで賢く栄養を摂取する

　ワークアウトの効果を十分に引き出すためには、栄養不足で筋肥大が妨げられることがないように、ワークアウト後だけでなく開始前にもタンパク質と、それを吸収するのに必要なビタミンB群を摂取しましょう。

　これらはできるだけ肉や魚などの食事でとるのが理想的ですが、難しい場合はプロテインなどのサプリメントを活用してください。ケトジェニックを行っている人は、サプリでビタミンCも補いたいところです。栄養補給をするタイミングには諸説ありますが、一般的には**ワークアウトの30分〜1時間前、ワークアウト後の30分以内**が効果的だとされています。

　これらに加えて、筋肉のパワーや持久力、ワークアウトへのモチベーションや集中力を飛躍的に向上させる**「プレワークアウトサプリメント」をとるのも有効**です。プレワークアウトサプリにはさまざまなものがありますが、効果を体感しやすいのが**クレアチン**です。クレアチンには筋肉の瞬発力を高める効果があり、運動パフォ

ーマンスが飛躍的に向上します。また摂取後には筋肉に水分が引き込まれて膨張する現象が起こるため、筋肥大の促進も見込めます。

このほかには**グルタミン**（筋肉の分解抑制、免疫力向上、傷の修復などに効果がある。近年は成長ホルモンの分泌促進効果も報告されている）、**BCAAやHMB**（絶大な筋肥大効果があるほか、筋肉の分解を防いだり、疲労を軽減したりする効果もある）、**カフェイン**（ワークアウト時の集中力と持久力向上に効果的。体脂肪をエネルギー源として使う働きもあるため、脂肪燃焼効果も期待できる）などが人気です。

これらはワークアウト前後にプロテインと一緒にとったり、水に溶かして飲みながらワークアウトを行ったりすることで、効果を実感できます。

サプリは医薬品と違って規格を持たないため、選ぶ際には誇大広告に惑わされないように注意してください。どれがいいのか分からない初心者は、プロのボディビルダーやフィットネスモデル、アスリートがこぞって愛用しているロングセラー商品を選べば間違いありません。

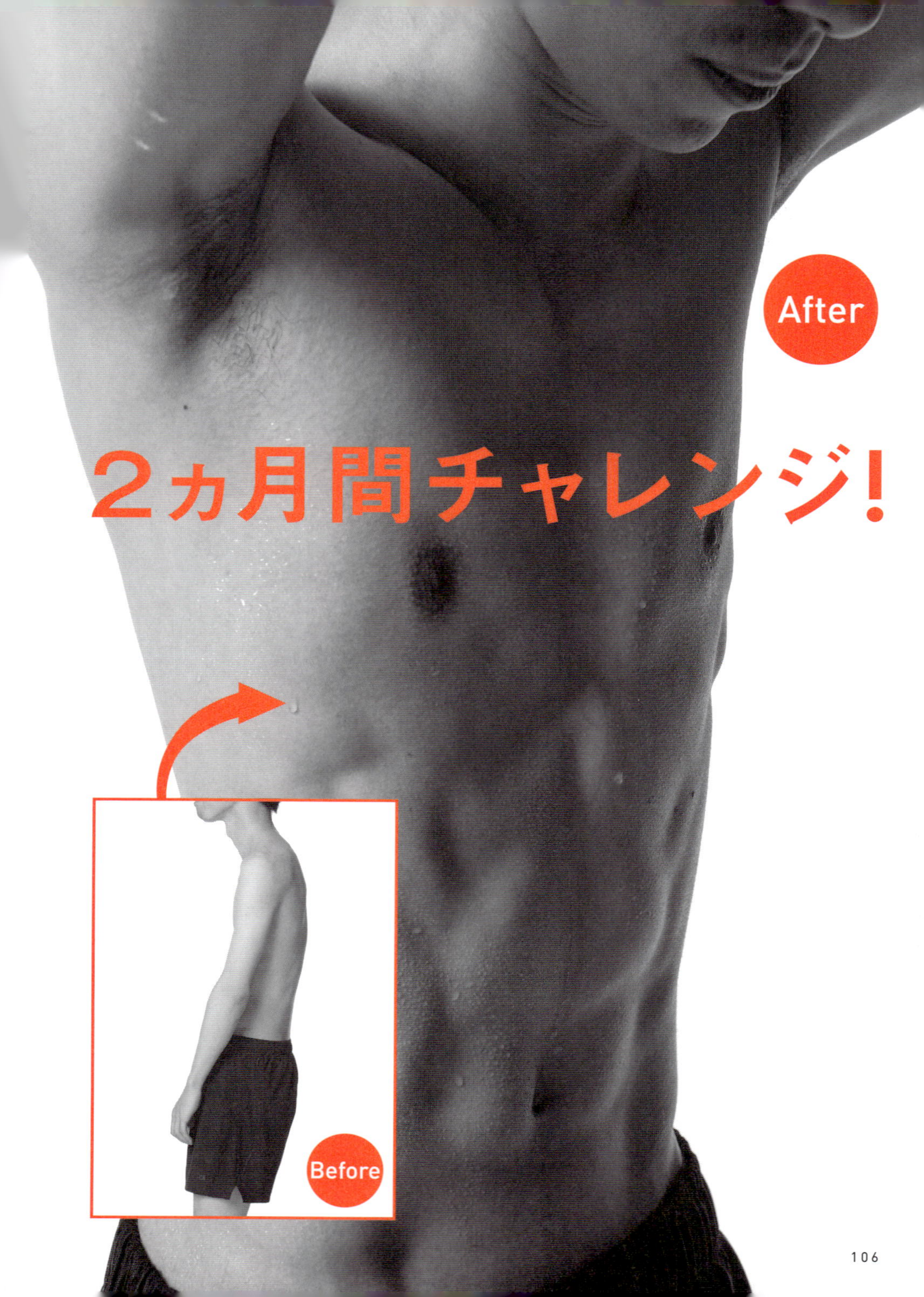
After
2ヵ月間チャレンジ!
Before

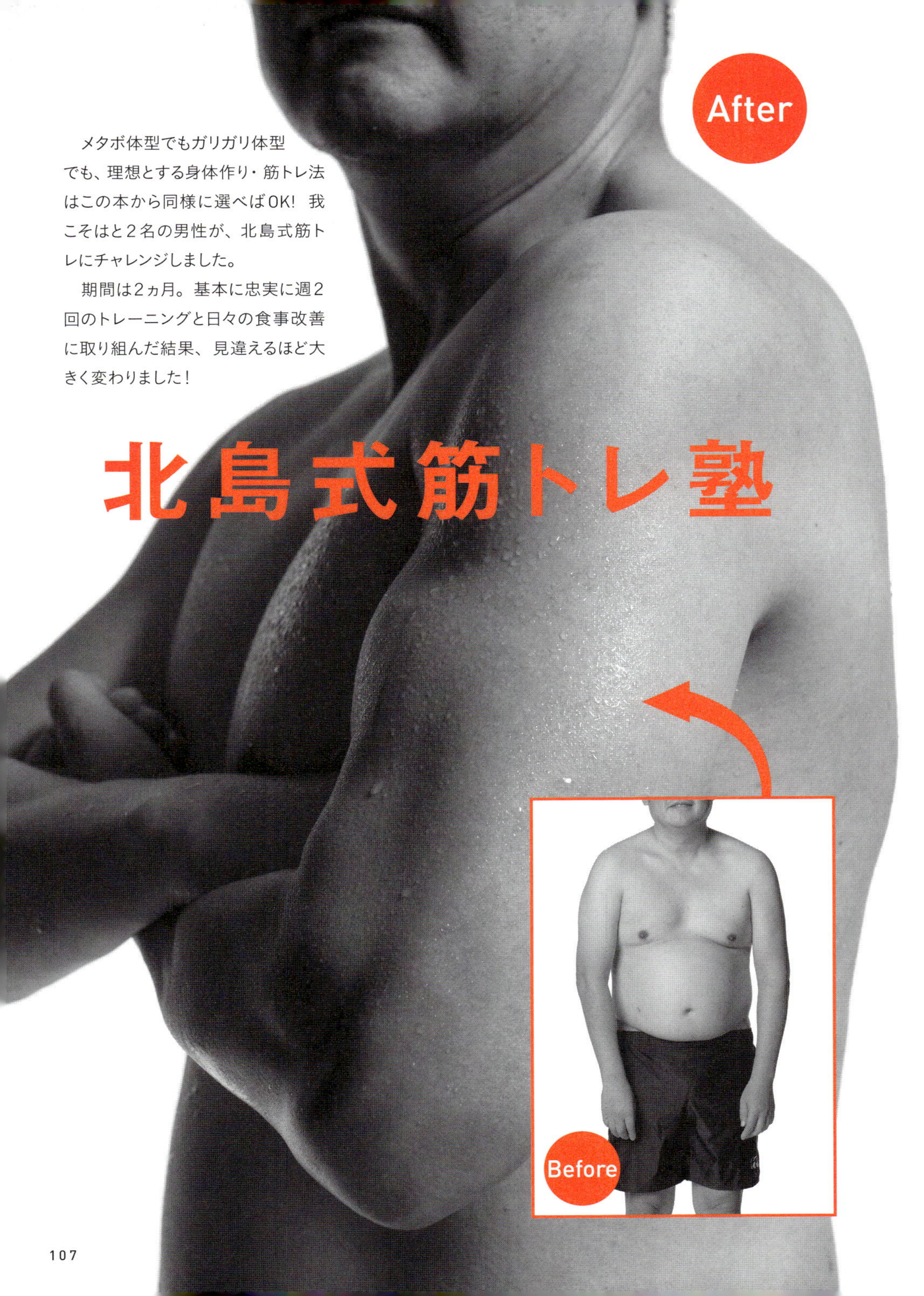

メタボ体型でもガリガリ体型でも、理想とする身体作り・筋トレ法はこの本から同様に選べばOK! 我こそはと2名の男性が、北島式筋トレにチャレンジしました。

期間は2ヵ月。基本に忠実に週2回のトレーニングと日々の食事改善に取り組んだ結果、見違えるほど大きく変わりました!

北島式筋トレ塾

ガリガリ体型代表

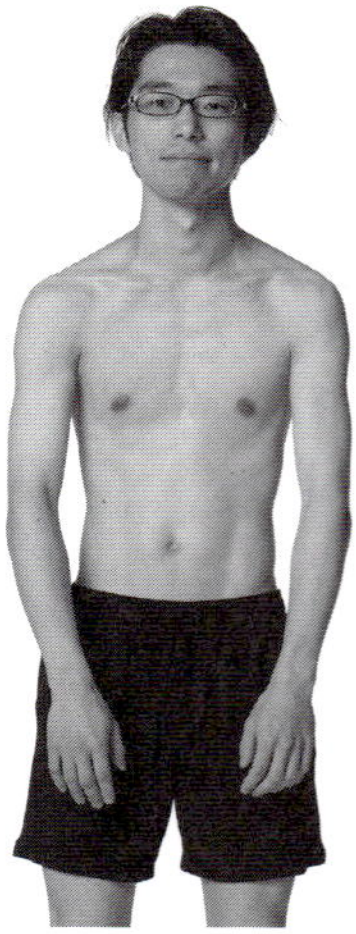

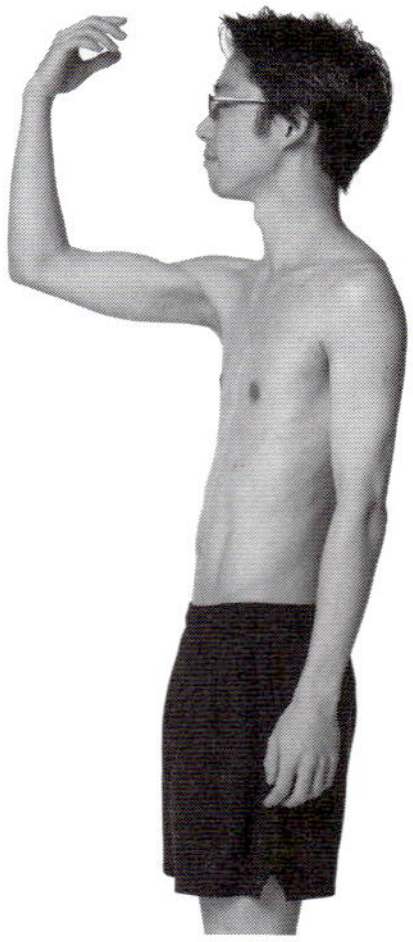

Before

体　重	53.8kg
胸　囲	76cm
二の腕	26.5cm
ウエスト	65.5cm
おしり	87cm

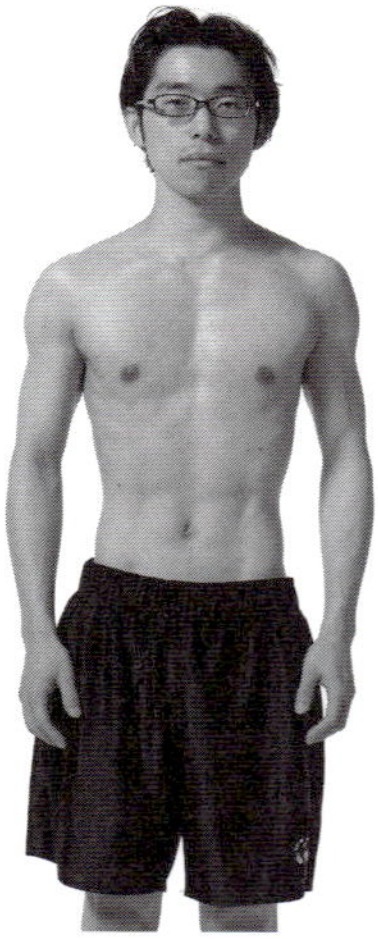

After

体　重	55.7kg
胸　囲	78cm
二の腕	29.5cm
ウエスト	63cm
おしり	91cm

腕まわりがしっかりついた！

「薄っぺらい」と言われ続けてきた僕が、筋トレでボクサー体型に変化しました！(27歳)

中学時代からやせ型なのが悩みで、今回初めてワークアウトに挑戦。週2回の実践だけで、胸や二の腕がサイズアップしていきました。鍛えていないのに自然と腹筋も割れ、のっぺり垂れていたおしりも上方向に引き締まりました。

普段使っていなかった筋肉をできるだけトレーニングするよう心がけました。

メタボ体型代表

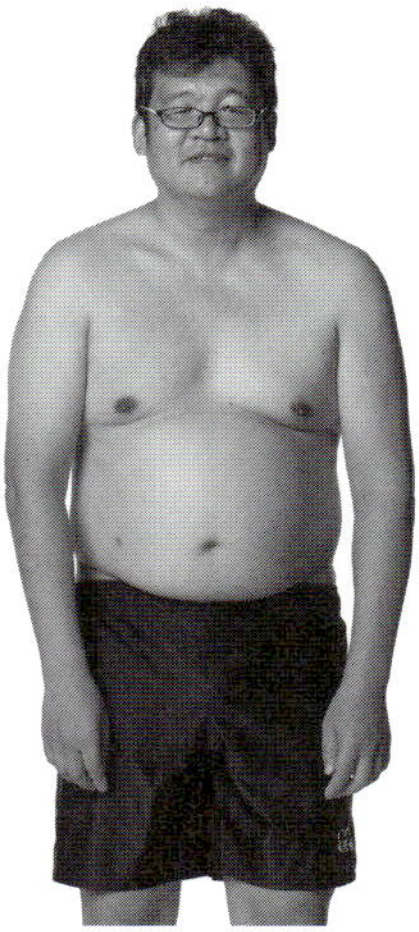

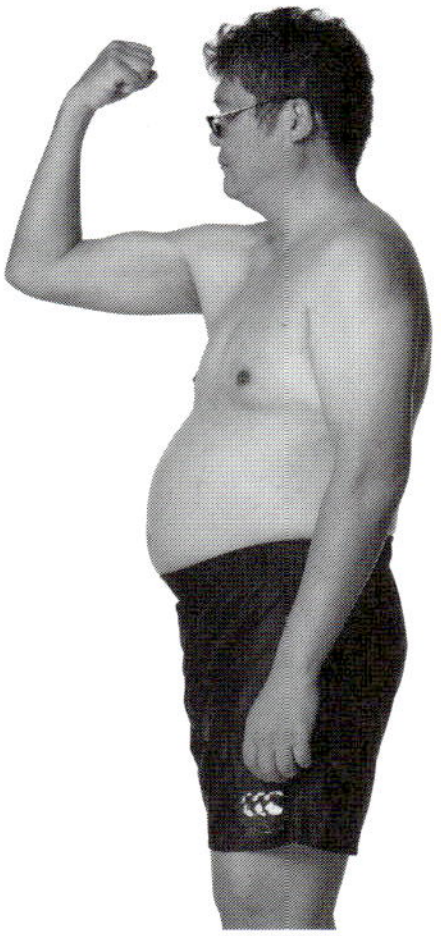

Before

体　重	108kg
体脂肪率	31.1%
ウエスト	117cm
へそ下	110cm
二の腕	34.5cm

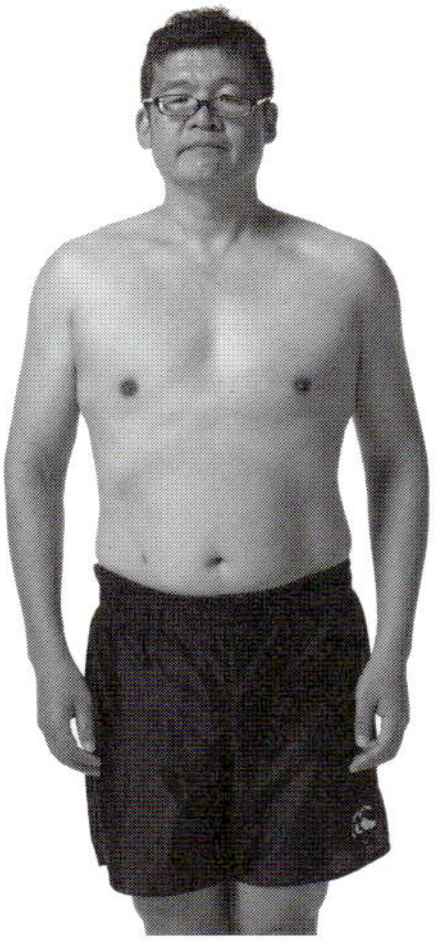

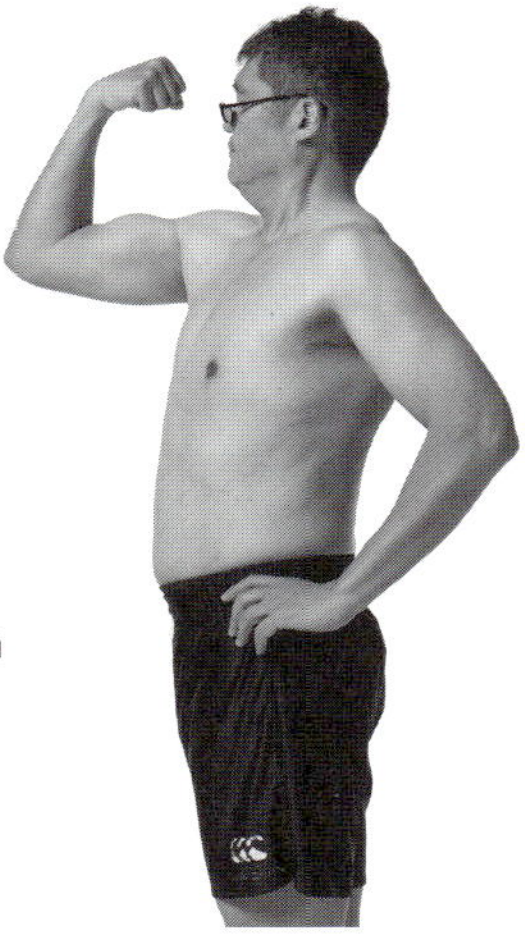

After

体　重	93.7kg
体脂肪率	24.8%
ウエスト	101.5cm
へそ下	97cm
二の腕	38cm

ウエスト−15.5cm！
メタボ改善

お腹まわりがスッキリし、胸にはハリが。肩こりも腰痛も消えました！（49歳）

メタボ腹を解消したくて、週3回のワークアウトに加えてケトジェニックダイエットを開始。胸と二の腕を中心に鍛えるうちに、腹や顔回りの余分な脂肪も目に見えて減りました。持病だった肩こりや高血圧も解消し、かかりつけ医が驚いています。

大胸筋のワークアウト中。
普段も積極的にウォーキングするなど
脂肪燃焼を心がけました。

北島式　筋トレ塾

最短・最速で
究極の身体をつくる

北島達也先生より
読者のみなさんへ
特別特典

厳選した
パーソナルトレーニングを
動画で見られます！

こちらより
直接アクセス！

本書で紹介したワークアウトの中から
特に難しいものを厳選し、
北島達也先生が動画で直接指導します。
より効果を確実なものにしてください！

※動画はWEB上での限定公開動画です。小冊子やDVDなどの送付ではございません（無料メールマガジンの登録が必要です）。
※上記動画のご提供は予告なく終了となる場合がございます。あらかじめご了承ください。刊行より２年程の予定です。

URL http://ultimate-tk.jp/7seconds/cool/

北島達也 Tatsuya Kitajima

カリスマフィットネストレーナー。元ヘアメイクアーティスト。

本場のボディビルカルチャーに憧れ、20代前半で単身渡米。ハリウッド俳優が集結する有名ジムで数々のトップビルダーから指導を受け、独自に体得した知識と経験を統合。〝本場のボディビルディング〟と〝科学的なワークアウト〟を自身で実践しながら理論を構築し、カリフォルニアのボディビルコンテストにて日本人初のチャンピオンに輝く。

完全個別指導のパーソナルトレーニングジムVODEZAをオープンし、「長時間トレーニングではなく週2回、1日20分トレーニングするだけ」という驚異のワークアウト法が話題を呼ぶ。有名経営者、芸能人、プロアスリートなど1万人以上を指導。確かな経験から導き出される的確な指導で絶大な支持と結果をもたらしている。公式YouTube再生回数1900万回以上。

著書には『ハリウッド式ワークアウト　腹が凹む！神の7秒間メソッド』『ハリウッド式THE WORKOUT』（ワニブックス）、『出せる！魅せる！二の腕ワークアウト』（講談社）がある。

装丁、巻頭デザイン　小口翔平＋喜來詩織（tobufune）
本文デザイン　山原 望
撮　影　大坪尚人（小社写真部）
モデル　小原徹也、飯田多聞
CG制作　株式会社BACKBONEWORKS
イラスト　内山弘隆
企画構成　岡橋香織

講談社の実用BOOK
北島式《きたじましき》　筋《きん》トレ塾《じゅく》　最短《さいたん》・最速《さいそく》で究極《きゅうきょく》の身体《からだ》をつくる

2018年4月18日　第1刷発行
2018年4月23日　第2刷発行

著　者　北島達也《きたじまたつや》
発行者　渡瀬昌彦
発行所　株式会社 講談社
〒112-8001 東京都文京区音羽2-12-2
電　話　編集（03）5395-3529　販売（03）5395-3606
業務（03）5395-3615

印刷所　慶昌堂印刷株式会社
製本所　大口製本印刷株式会社

　ISBN978-4-06-299894-9